Der helle Tag

Lieder – Texte – Gebete

Herausgegeben von der Arbeitsgemeinschaft
Missionarische Dienste,
Postfach 476, 7000 Stuttgart 1

in den Verlagen
Burckhardthaus-Laetare, Gelnhausen,
Christophorus, Freiburg i. Br.,
und Theologischer Verlag, Zürich

CIP-Kurztitelaufnahme der Deutschen Bibliothek

Der helle Tag: Lieder, Texte, Gebete / hrsg. von d. Arbeitsgemeinschaft Missionar. Dienste. [Red. dieses H.: Herbert Beuerle . . .]. – 1.–250. Tsd. – Gelnhausen: Burckhardthaus-Laetare-Verlag; Freiburg i. Br.: Christophorus-Verlag, 1980.
ISBN 3-7664-7026-4 (Burckhardthaus-Laetare-Verl.)
ISBN 3-419-50837-9 (Christophorus-Verl.)

3. Teilauflage

1.–250. Tausend
© für diese Sammlung 1980 by Burckhardthaus-Laetare Verlag GmbH., Herzbachweg 2, 6460 Gelnhausen
Christophorus-Verlag Herder GmbH., Freiburg i. Br.
Theologischer Verlag, Zürich (Auslieferung Schweiz)

Die Rechte an den in diesem Heft abgedruckten Texten und Liedern liegen bei den jeweils unter den Stücken genannten Rechtsinhabern, sofern im folgenden nichts anderes vermerkt ist. Abdrucke, Fotokopien, Aufführungen, Übernahme auf Ton- und Bildträger von Stücken aus diesem Heft bedürfen der vorherigen Genehmigung der Rechtsinhaber. Die Verwendung des Druckbildes bedarf der Zustimmung der Burckhardthaus-Laetare Verlag GmbH. Anfragen richten Sie bitte an die oben angegebene Anschrift zu Händen der Lizenzabteilung.

Redaktion: Herbert Beuerle, Hans-Georg Pust, Kurt Rommel, Martin Schmeißer, Jürgen Schwarz
Lektorat: Herbert Beuerle, Jürgen Schwarz
Umschlag und Vignetten: Karl Heinz Kramhöller, Würzburg
Layout und Herstellung: Joachim Emrich
Notensatz: Rudolf Pfeifer, Lohfelden

Die **Texte** der folgenden Nummern **sind honorarfrei:** 1, 2, 4, 5, 6, 11, 12, 15, 16, 22, 23, 26, 27–30, 32, 33, 44–48, 51, 55, 65, 66, 67, 71, 73, 75, 78, 84, 87–91, 98, 100, 110, 112, 113, 114, 115, 119, 121, 127, 128, 129, 130, 132, 134, 136, 144, 146, 147

Die **Komponisten der Melodien** der folgenden Nummern sind dem Verlag **nicht bekannt:** 51, 52, 79, 84, 111, 112, 113, 118, 119, 121, 139, 140, 146

Die **Akkordbezeichnungen** zu den Liedern schrieb Herbert Beuerle bis auf die folgenden Nummern: 58 und 104 M. G. Schneider; 59 L. A. Lundberg; 31, 76 J. Petzold; 86 P. Bischoff; 90 P. E. Ruppel; 99 G. Kloft; 102 G. Geerken; 117 R. R. Klein.

Die Akkordbezeichnung von Herbert Beuerle sowie die der Nummern 59 und 76 sind Eigentum der Burckhardthaus-Laetare Verlag GmbH.

Die farbigen Bildblätter dieses Büchleins sind in einer Auswahl von 6 Doppelkarten auch als Postkartenmappe erhältlich unter dem Titel
Des Himmels weiter Bogen.
Die Doppelkarten enthalten auf der Vorderseite eine vierfarbige Vignette, auf der Rückseite ein Lied aus diesem Liederbuch. Die Innenseiten stehen als Schreibraum zur Verfügung. Zu beziehen von Buchhandlungen, Schreibwarenläden, Musikaliengeschäften, den Verlagen oder über die Arbeitsgemeinschaft Missionarische Dienste.

Luthers Morgensegen   1

Das walte Gott Vater, Sohn und Heiliger Geist, Amen.

Ich danke dir, mein himmlischer Vater, durch Jesus Christus, deinen lieben Sohn, daß du mich diese Nacht vor allem Schaden und Gefahr behütet hast, und bitte dich, du wollest mich diesen Tag auch behüten vor Sünden und allem Übel, daß dir all mein Tun und Leben gefalle. Denn ich befehle mich, meinen Leib und Seele und alles in deine Hände. Dein heiliger Engel sei mit mir, daß der böse Feind keine Macht an mir finde. Amen.

Vom Auf-gang der Son - ne bis zu ih - rem Nie - der-gang sei ge-lo-bet der Na - me des Herrn, sei ge- lo - bet der Na - me des Herrn.

Text: Psalm 113, 3. Kanon für 4 Stimmen: Paul Ernst Ruppel 1938. © Möseler-Verlag, Wolfenbüttel/Zürich.

Wir haben Urlaub

Wir haben Urlaub. Wir können ausspannen, faulenzen, wir können tun, wonach uns der Sinn steht. Wir erleben das Gefühl, von keinem Terminplan gejagt, von keinerlei Anweisung und Pflicht gedrängt zu werden. Das ist schon fast ein Abenteuer für uns. Es ist schön, Zeit zu haben. Wir spüren die Möglichkeit, uns selbst, unsere Familien und unsere Mitmenschen neu zu erfahren.

Lieber Herr,

ich danke dir für dieses Erlebnis. Ich danke dir für die Zeit, die du mir schenkst wie ein unverdientes Glück.

Amen

Text aus: Gottesdienst im Urlaub, hg. von Hans-Georg Pust u. a. 1980. © Schriftenmissionsverlag, Gladbeck.

4

1. Die helle Sonn leucht jetzt herfür, fröhlich vom Schlaf aufstehen wir; Gott Lob, der uns in dieser Nacht behüt hat vor des Teufels Macht!

2. Herr Christ, den Tag uns auch behüt vor Sünd und Schand durch deine Güt, und laß die lieben Engel dein uns Hüter heut und Wächter sein,

3. daß unser Herz in Ghorsam leb, deim Wort und Willn nicht widerstreb, daß wir dich stets vor Augen han in allem, was wir fangen an.

4. Laß unser Werk geraten wohl, was jeder heut ausrichten soll, daß unser Arbeit, Müh und Fleiß gereich zu deim Lob, Ehr und Preis.

Text: Nikolaus Herman 1560.

5

1. All Morgen ist ganz frisch und neu des Herren Gnad und große Treu; sie hat kein End den langen Tag, drauf jeder sich verlassen mag.

2. O Gott, du schöner Morgenstern, gib uns, was wir von dir begehrn: Zünd deine Lichter in uns an, laß uns an Gnad kein Mangel han.

3. Treib aus, o Licht, all Finsternis, behüt uns, Herr, vor Ärgernis, vor Blindheit und vor aller Schand und reich uns Tag und Nacht dein Hand,

4. zu wandeln als am lichten Tag, damit, was immer sich zutrag, wir stehn im Glauben bis ans End und bleiben von dir ungetrennt.

Text: Johannes Zwick vor 1542.

6

All Mor-gen ist ganz frisch und neu des Herren Gnad und gro - - ße Treu.

Text: Johannes Zwick vor 1542. Kanon für 2 Stimmen: Kurt Rommel 1975. © Burckhardthaus-Laetare Verlag, Gelnhausen.

7 1. Each morning with its newborn light proclaims the Lord of life is great! His faithfulness will have no end; to him our songs of praise ascend.

2. You, Lord of all creation, are as brillant as the morning star; light in our hearts your holy flame an make us fit to bear your name.

3. Dispel the darkness from our days an free us from all bitterness, from haughty mind and blinded sight, and lead us forward day and night.

4. To walk as in the light of day, be steadfast always, come what may, we turn in faith to you, our Friend, an pray: sustain us to the end.

Text-Übertragung: Fred Kaan 1972. © Beim Übersetzer.

8 1. De trouw en goedheid van de Heer verschijnt ons elke vorgen weer, en blinkt en blijft als dauw zu fris, zolang het dag op aarde is.

2. O God, Gij schöne morgenster, Gij stralend licht, blijf ons niet ver. Zet door uw liefde ons hart in gloed. Geef dat het U nooit missen moet.

3. Drijf uit, o licht, wat duister is, bewaar ons hart voor ergernis, voor blinde ijver, zonde en schuld. Verlicht ons, houdt – U niet verhuld.

4. Opdat wij wandlen als bij dag en, kome wat er komen mag, vaststaan in het geloof, o Heer, van U verlaten nimmermeer.

Text-Übertragung: Ad. den Besten. © Beim Übersetzer.

9 1. Fraîche et nouvelle chaque jour Ta grâce, ô Dieu, dure à jamais, Offrant, fidèle, à notre amour un sûr abri de calme paix.

2. Seigneur, étoile du matin, exauce-nous dans ta bonté; allume en nous, brûlante enfin, la clarté de ta vérité.

3. Dissipe en nous l'obscurité; garde-nous de haine et courroux, da'veuglement, de dureté, tends nuit et jour ta main vers nous!

4. Or pour marcher dans le plein jour, nous restons fermes dans la foi, puis, nous haussant vers ton amour, vivons sans fin tout près de toi.

Text-Übertragung: Pauline Martin 1951. © Beim Übersetzer.

10

1. Die Sonne lockt uns früh hinaus. Die Nebelschwaden weichen. Der Matten Grün begleitet uns, soweit die Augen reichen.

2. Wir steigen frisch den Pfad bergan zu weißen Steingebilden und freuen uns an Edelweiß, an Eis und Schneegefilden.

3. Und über Gipfeln wölbt sich blau des Himmels weiter Bogen. Uns freun der blaue Enzian, der kühlen Bergseen Wogen.

4. Am Abend grüßt uns leuchtend rot die Wand von Felskolossen. Als Gruß vom Berg in unsrer Hand ein Strauß von Alpenrosen.

5. Und aus dem Schwarz der dunklen Nacht steigt goldgelb neuer Morgen. Wir danken Gott und wissen uns in seiner Hand geborgen.

Je nach der Gegend anderen Text erfinden.

Text: Kurt Rommel 1965. Melodie: Herbert Beuerle 1966. © Burckhardthaus-Laetare Verlag, Gelnhausen.

11

1. Wach auf, mein Herz, und singe dem Schöpfer aller Dinge, dem Geber aller Güter, dem frommen Menschenhüter.

2. Sprich Ja zu meinen Taten, hilf selbst das Beste raten; den Anfang, Mitt und Ende, ach Herr, zum Besten wende.

3. Mich segne, mich behüte, mein Herz sei deine Hütte, dein Wort sei meine Speise, bis ich gen Himmel reise.

Text: Paul Gerhardt 1647.

1. Die güldne Sonne voll Freud und Wonne bringt unsern Grenzen mit ihrem Glänzen ein herzquickendes, liebliches Licht. Mein Haupt und Glieder, die lagen darnieder; aber nun steh ich, bin munter und fröhlich, schaue den Himmel mit meinem Gesicht.

2. Mein Auge schauet, was Gott gebauet zu seinen Ehren und uns zu lehren, wie sein Vermögen sei mächtig und groß und wo die Frommen dann sollen hinkommen, wann sie mit Frieden von hinnen geschieden aus dieser Erden vergänglichem Schoß.

3. Lasset uns singen, dem Schöpfer bringen Güter und Gaben; was wir nur haben, alles sei Gotte zum Opfer gesetzt! Die besten Güter sind unsre Gemüter; dankbare Lieder sind Weihrauch und Widder, an welchen er sich am meisten ergötzt.

4. Laß mich mit Freuden ohn alles Neiden sehen den Segen, den du wirst legen in meines Bruders und Nähesten Haus. Geiziges Brennen, unchristliches Rennen nach Gut und Sünde, das tilge geschwinde von meinem Herzen und wirf es hinaus.

5. Alles vergehet, Gott aber stehet ohn alles Wanken; seine Gedanken, sein Wort und Wille hat ewigen Grund. Sein Heil und Gnaden, die nehmen nicht Schaden, heilen im Herzen die tödlichen Schmerzen, halten uns zeitlich und ewig gesund. Text: Paul Gerhardt 1666.

Text: Nach einem alten Morgenlied. Kanon für 3 Stimmen und Ostinato ad lib.: Herbert Beuerle 1978. © Burckhardthaus-Laetare Verlag, Gelnhausen.

2. Wem nicht geschenkt ein Stimmelein, zu singen froh und frei, mischt doch darum sein Lob darein mit Gaben mancherlei und stimmt auf seine Art mit ein, wie schön der Morgen sei.

3. Zuletzt erschwingt sich flammengleich mit Stimmen laut und leis aus Wald und Feld, aus Bach und Teich, aus aller Schöpfung Kreis ein Morgenchor, an Freude reich, zu Gottes Lob und Preis.

Text, Melodie und Satz: Werner Gneist. © Bärenreiter-Verlag, Kassel.

Kanon für 3 Stimmen (nach dem Morgenlied „Gott des Himmels und der Erden" von Heinrich Albert 1642): Herbert Beuerle 1975. © Burckhardthaus-Laetare Verlag, Gelnhausen.

16 1. Gott des Himmels und der Erden, Vater, Sohn und Heilger Geist, der es Tag und Nacht läßt werden, Sonn und Mond uns scheinen heißt, dessen starke Hand die Welt und was drinnen ist, erhält.

2. Führe mich, o Herr, und leite meinen Gang nach deinem Wort; sei und bleibe du auch heute mein Beschützer und mein Hort. Nirgends als von dir allein kann ich recht bewahret sein.

3. Meinen Leib und meine Seele samt den Sinnen und Verstand, großer Gott, ich dir befehle unter deine starke Hand. Herr, mein Schild, mein Ehr und Ruhm, nimm mich auf, dein Eigentum.

Text: Heinrich Albert 1642.

17

2. Laß gut sein, was ich tu und denk, wohin ich meine Schritte lenk, das Wirken meiner Hände.

3. Gib, daß, wenn mir die Sonne lacht und auch mein Leben leichter macht, ich nie mich von dir wende.

4. Gib, daß ich niemals in der Not vergesse dich und dein Gebot, den anderen zu lieben.

5. Laß mich in Worten und im Tun so ganz in deiner Schöpfung ruhn, laß mich das Gutsein üben.

Text: Ehrhardt Heinold 1950. Melodie: Herbert Beuerle 1963. © Burckhardthaus-Laetare Verlag, Gelnhausen.

2. Wie sich im blanken Morgenstrahl der Weg ins Weite schwingt; uns grüßen Berg und Wald und Tal, und alles ringsum klingt.

3. Noch blinkt der Tau an Busch und Baum wie lauter Edelstein; die Lerche jauchzt ihr Lied ins Blau und heißt uns fröhlich sein.

Text: Nach mündlicher Überlieferung überarbeitet von Herbert Beuerle 1959. Melodie: Herbert Beuerle 1959. © Burckhardthaus-Laetare Verlag, Gelnhausen.

Zur Ruhe kommen 19

**Herr, unser Gott, in deiner Nähe kommen wir zur Ruhe. Laß still werden die lauten Stimmen unserer Wünsche, unserer Pläne, unserer Ängste, unserer Sorgen. Sprich du zu uns, weise uns den Weg, schenke uns Mut. Wecke in uns das Vertrauen darauf, daß du uns geben kannst, was uns froh und glücklich macht für heute und für alle Zeit.
Amen.**

Text: Peter Ganzert. Aus: Gottesdienst im Urlaub, hg. von Hans-G. Pust u. a. 1980. © Schriftenmissionsverlag, Gladbeck.

20

Auch in Verbindung mit ,,Dies ist der Tag'', Nr. 21.

Text und Kanon für 4 Stimmen: Herbert Beuerle 1966. © Burckhardthaus-Laetare Verlag, Gelnhausen.

1. Dies ist der Tag, den der Herr gemacht: Morgen und Mittag, Abend und Nacht. Gottes Tag sei gelobt!

2. Gottes der Morgen im wachsenden Schein: Herr, laß uns früh deine Tagwerker sein. Gottes Tag sei gelobt!

3. Gottes der Mittag, die Waage der Zeit: Herr, mach uns für deine Zukunft bereit. Gottes Tag sei gelobt!

4. Gottes der Abend, der sänftigend fällt: Herr, rüste uns für den Abend der Welt. Gottes Tag sei gelobt!

5. Gottes die Nacht, die bewahrt und erneut: Herr, nimm uns an für dein ewiges Heut. Gottes Tag sei gelobt!

6. Dies ist der Tag, den der Herr gemacht. Morgen und Mittag, Abend und Nacht. Gottes Tag sei gelobt!

Auch in Verbindung mit dem Ritornell-Kanon „Abend, Morgen", Nr. 20.

Text: Strofe 1 (u. 6) Ernst Lange 1959: Strofen 2–5 Gerhard Valentin 1965. Melodie: Herbert Beuerle 1959. © Burckhardthaus-Laetare Verlag, Gelnhausen.

1. Ich singe dir mit Herz und Mund, Herr, meines Herzens Lust; ich sing und mach auf Erden kund, was mir von dir bewußt.

2. Ich weiß, daß du der Brunn der Gnad und ewge Quelle bist, daraus uns allen früh und spat viel Heil und Gutes fließt.

3. Was sind wir doch? Was haben wir auf dieser ganzen Erd, das uns, o Vater, nicht von dir allein gegeben werd?

4. Ach Herr, mein Gott, das kommt von dir, du, du mußt alles tun, du hältst die Wach an unsrer Tür und läßt uns sicher ruhn.

5. Wohlauf, mein Herze, sing und spring und habe guten Mut! Dein Gott, der Ursprung aller Ding, ist selbst und bleibt dein Gut.

Kanon und Ostinati lassen sich verbinden mit dem Lied „Ich singe dir mit Herz und Mund". Dabei ergeben sich folgende Möglichkeiten: Das Lied wird einstimmig gesungen. Vorweg und hernach und auch gelegentlich zwischen den Strofen singt man den Kanon – mit oder ohne Ostinati – als „Antiphon". – Man kann aber auch Kanon und Lied gleichzeitig singen, so daß der Kanon zum Ostinato wird. – Die beiden Ostinati (oder nur Ostinato I) kann man nach Belieben noch hinzunehmen (einfach oder als zweistimmigen Kanon). – Eine brauchbare Mehrstimmigkeit ergibt sich aber auch dann schon, wenn man dem Lied nur die beiden Ostinati hinzufügt.

Text: Paul Gerhardt 1653. Kanon für 4 Stimmen und Ostinati: Herbert Beuerle 1963. © Burckhardthaus-Laetare Verlag, Gelnhausen.

2. Seht den großen, weiten Strand und den vielen weißen Sand. Alles das . . .

3. Seht die Muscheln, groß und klein, schöner noch als Edelstein. Alles das . . .

4. Seht die Fische in dem Meer, wie sie schwimmen hin und her. Alles das . . .

5. Seht die Möwen in der Luft, hört, wie laut der Kiebitz ruft. Alles das . . .

6. Seht die Blumen und das Gras, wie sie blühen ohne Maß. Alles das . . .

7. Seht das große Himmelszelt, es umspannt die ganze Welt. Alles das . . .

8. Seht die goldnen Sterne dort. Wer bestimmt wohl ihren Ort? Alles das . . .

9. Erd und Himmel, Meer und Land, alles kommt aus Gottes Hand, alles hat der Herr gemacht, ihm sei Lob und Dank gebracht!

Text: Strofe 1 mündlich überliefert; Strofe 2–9 Herbert Beuerle und CS-Familien-Singfreizeit Borkum 1971. Melodie und Satz: Herbert Beuerle 1971. © Burckhardthaus-Laetare Verlag, Gelnhausen.

25

1. Wir wollen fröhlich singen Gott, unserm lieben Herrn, der geb, daß es gelinge zu seinem Lob und Ehrn.

Halleluja, Halleluja, Halleluja!
1. u. 2. Lobet Gott, lobet Gott, der uns führt aus aller Not, aller Not.

2. Er hat uns ja berufen, daß wir alle zugleich als Kinder sollten hoffen auf sein ewiges Reich. Lobet Gott . . .

Melodiegestaltung (nach einem alten Ansingelied) und freie Textgestaltung der 1. Strofe (nach Valentin Triller 1555): Erich Gruber 1953; Strofe 2: nach Valentin Triller. Satz: Dieter Hechtenberg 1976. © Burckhardthaus-Laetare Verlag, Gelnhausen.

26

1. Großer Gott, wir loben dich; Herr, wir preisen deine Stärke. Vor dir neigt die Erde sich und bewundert deine Werke. Wie du warst vor aller Zeit, so bleibst du in Ewigkeit.

2. Alles, was dich preisen kann, Kerubim und Serafinen stimmen dir ein Loblied an; alle Engel, die dir dienen, rufen dir stets ohne Ruh „Heilig, heilig, heilig" zu.

3. Dich, Gott Vater auf dem Thron, loben Große, loben Kleine. Deinem eingebornen Sohn singt die heilige Gemeinde, und sie ehrt den Heilgen Geist, der uns seinen Trost erweist.

4. Sieh dein Volk in Gnaden an. Hilf uns, segne, Herr, dein Erbe; leit es auf der rechten Bahn, daß der Feind es nicht verderbe. Führe es durch diese Zeit, nimm es auf in Ewigkeit.

5. Herr, erbarm, erbarme dich! Laß uns deine Güte schauen; deine Treue zeige sich, wie wir fest auf dich vertrauen. Auf dich hoffen wir allein: laß uns nicht verloren sein.

Text: 4. Jahrhundert / Ignaz Franz 1771.

27 1. Grand Dieu, nous te bénissons, nous célebrons tes louanges. Eternel, nous t'exaltons, de concert avec les anges, et, prosternés devant toi, nous t'adorons, ô grand Roi!

2. Les saints et les bien-heureux, les trônes et les puissances, toutes les vertus des cieux disent tes magnificences, proclamant dans leurs concerts le grand Dieu d l'univers.

1. Holy God, Thy Name we bless, all Thy **28** praises celebrating, and for our unworthiness Thy forgiveness supplicating. With the angels thus we bring adoration to our King.

2. All the hosts of heav'nly light Saints in bliss before Thee bending, Thrones and pow'rs in glory bright Hymn Thy praise in concert blending: They Thy Majesty proclaim Praising Thy thrice-holy name.

1. Grote God, wij loven u, Heer, o sterkste **29** aller sterken! Heel de wereld buigt voor u en bewondert uwe werken. Die Gij waart te allen tijd, blijft Gij ook in eeuwigheid.

2. Alles, wat u prijzen kan, U, de Eeuw'ge Ongeziene, looft uw liefd' en zingt ervan! Alle eng'len, die u dienen, roepen u, nooit lovensmoe: ,,Heilig, heilig, heilig!" toe.

30 1. Aus meines Herzens Grunde sag ich dir Lob und Dank in dieser Morgenstunde, dazu mein Leben lang, dir, Gott in deinem Thron, zu Lob und Preis und Ehren durch Christum, unsern Herren, dein eingebornen Sohn.

2. Der du mich hast aus Gnaden in der vergangnen Nacht vor G'fahr und allem Schaden behütet und bewacht, demütig bitt ich dich, wollst mir mein Sünd vergeben, womit in diesem Leben ich hab erzürnet dich.

3. Gott will ich lassen raten, denn er all Ding vermag. Er segne meine Taten an diesem neuen Tag. Ihm hab ich heimgestellt mein Leib, mein Seel, mein Leben und was er sonst gegeben; er machs, wies ihm gefällt.

4. Darauf so sprech ich Amen und zweifle nicht daran, Gott wird es alls zusammen ihm wohlgefallen lan; und streck nun aus mein Hand, greif an das Werk mit Freuden, dazu mich Gott bescheiden in meim Beruf und Stand.

Text: Nach Georg Niege vor 1585.

Gottes Segen über alle Welt

Gott sei uns gnädig und segne uns, er lasse sein Antlitz leuchten,

daß man auf Erden erkenne seinen Weg, unter allen Heiden sein Heil.

Es danken dir Gott die Völker, es danken dir alle Völker.

Die Völker freuen sich und jauchzen, daß du die Menschen recht richtest und regierst die Völker auf Erden.

Es danken dir Gott die Völker, es danken dir alle Völker.

Das Land gibt sein Gewächs; es segne uns Gott, unser Gott. Es segne uns Gott, und alle Welt fürchte ihn.

Psalm 67 nach Martin Luther.

Der Kehrvers wird zu Anfang und nach jeder Strofe gesungen.

Text, Melodie und Satz: Johannes Petzold 1968. © Burckhardthaus-Laetare Verlag, Gelnhausen.

1. Lobe den Herren, den mächtigen König der Ehren; lob ihn, o Seele, vereint mit den himmlischen Chören. Kommet zuhauf, Psalter und Harfe, wacht auf, lasset den Lobgesang hören.

2. Lobe den Herren, der alles so herrlich regieret, der dich auf Adelers Fittichen sicher geführet, der dich erhält, wie es dir selber gefällt. Hast du nicht dieses verspüret?

3. Lobe den Herren, der künstlich und fein dich bereitet, der dir Gesundheit verliehen, dich freundlich geleitet. In wieviel Not hat nicht der gnädige Gott über dir Flügel gebreitet!

4. Lobe den Herren, was in mir ist, lobe den Namen. Lob ihn mit allen, die seine Verheißung bekamen. Er ist dein Licht; Seele, vergiß es ja nicht. Lob ihn in Ewigkeit. Amen.

Text: Joachim Neander 1680.

1. Praise to the Lord! the almighty, the King of creation! O my soul, praise him, for he is thy health and salvation! All ye who hear, now to his temple draw near, serve him in glad adoration.

2. Praise to the Lord! Who o'er all things so wondrously reigneth, shielding thee gently from harm and from fainting sustaineth; hast thou not seen how thy desires have been granted in what He ordaineth?

3. Praise to the Lord! Who doth prosper thy work and defend thee, surely his goodness and mercy here daily attend thee; ponder anew what the Almighty can do, if with His love He befriend thee!

4. Praise to the Lord! Oh let all that is in me adore Him! All that hath life and breath come now with praises before Him! Let the Amen sound from His people again, gladly for aye we adore Him.

Text-Übertragung: Catherine Winkworth 1858.

34

1. Peuples, criez de joie et bondissez d'allégresse: Le Père envoie son Fils manifester sa tendresse; ouvrons les yeux: il est l'image de Dieu! Pour que chacun le connaisse!

2. Loué soit notre Dieu, Source et Parole fécondes; ses mains ont tout créé pour nos coers lui répondent; par Jésus Christ il donne l'être et la vie pour que sa Vie surabonde.

3. Loué soit notre Dieu, dont la splendeur se révèle quand nous buvons le vin pour un terre nouvelle; en Jésus Christ le monde passe aujourd'hui vers une gloire éternelle.

4. Peuples, battez des mains et proclamez votre fête: le Père accueille en lui ceux que son Verbe rachete; par l'Esprit Saint en qui vous n'êtes plus qu'un, que votre joie soit parfaite!

Text-Übertragung: Didier Rimaud 1970. © Centre de Nationale Pastorale Liturgique, Paris.

35

1. Lof zij de Heer, de almachtige koning der ere. Laat ons naar hartelust zingen en blij musiceren. Komt allen saam, psalmzingt de heilige naam, looft al wat ademt de Here.

2. Lof zij de Heer, Hij omringt met zijn liefde uw leven; heeft u in't licht als op adelaarsvleugeln geheven. Hij die u leidt, zodat uw hart zich verblijdt, Hij heeft zijn Woord u gegeven.

3. Lof zij de Heer met de heerlijkste naam van zijn namen, christenen looft Hem met Abrahams kinderen samen. Hart wees gerust, Hij ist uw licht en uw lust. Alles wat ademt zegt: Amen!

Text-Übertragung: © Nieuw Lied Voor De Heer, Bijbel Kiosk Vereniging, Driebergen.

36 Psalm 8

Herr, unser Herrscher, wie herrlich, daß du da bist! Dein Glanz strahlt aus dem Himmel über die Welt hin.

Wenn Kinder dich anrufen, ja wenn eben Geborene schreien, rühmen wir dein Werk und freuen uns deiner Macht.

Da sind uns leeres Gerede die Reden der Mächtigen, die nichts wissen als das Gesetz ihres Hasses und das Gesetz ihrer Rache.

Wenn ich den Himmel sehe, das Werk deiner Finger, den Wind und die Sterne, die du geformt hast – was ist der Mensch, daß du an ihn denkst, was ist das Kind eines Menschen, daß du es lieb hast?

Du hast ihm fast die Würde eines himmlischen Wesens gegeben. Mit Schönheit und Adel hast du ihn gekrönt.

Du gabst ihm den Auftrag, Herrscher zu sein über alles, was du geschaffen hast. Alles legtest du ihm zu Füßen,

Schafe und Rinder und die wilden Tiere überall. Die Vögel unter dem Himmel und die Fische im Meer und was immer im Meer sich bewegt.

Herr, unser Herrscher, wie herrlich, daß wir dich kennen. Wie gut, daß du da bist!

Text-Übertragung: Jörg Zink, Womit wir leben können. © Kreuz Verlag, Stuttgart/Berlin.

1. Herr, un-ser Herr-scher, wie herr-lich bist du! Er-de und Him-mel sind
2. Kin-der und Säug-lin-ge kün-den dein Lob, spot-ten der Ü-ber-macht

voll dei-ner Eh-re.   Kin-der und Säug-lin-ge kün-den dein Lob.
all dei-ner Fein-de.   Hoch wölbt dein Him-mel sich auch ü-ber sie.

3. Hoch wölbt dein Himmel sich auch über sie. Seh ich die Sonne, den Mond und die Sterne, was ist der Mensch, daß du seiner gedenkst?

4. Was ist der Mensch, daß du seiner gedenkst, des Menschen Kind, daß du seiner dich annimmst? Du hast ihn herrlich erhoben zu dir.

5. Du hast ihn herrlich erhoben zu dir, hast ihn erwählt dir zum Freund und Gehilfen. Die ganze Welt hast du ihm anvertraut.

6. Die ganze Welt hast du ihm anvertraut, alles Geschaffene, alles, was lebet. Herr, unser Herrscher, wie herrlich bist du!

Text (nach Psalm 8) und Melodie: Johannes Petzold 1975. © Burckhardthaus-Laetare Verlag, Gelnhausen.

2. Solang die Menschen Worte sprechen, solang dein Wort zum Frieden ruft, solang hast du uns nicht verlassen. In Jesu Namen danken wir.

3. Du nährst die Vögel in den Bäumen. Du schmückst die Blumen auf dem Feld. Du machst ein Ende meinen Sorgen, hast alle Tage schon bedacht.

4. Du bist das Licht, schenkst uns das Leben, du holst die Welt aus ihrem Tod, gibst deinen Sohn in unsre Hände, er ist das Brot, das uns vereint.

5. Darum muß jeder zu dir rufen, den deine Liebe leben läßt: Du, Vater, bist in unserer Mitte, machst deinem Wesen uns verwandt.

Text-Übertragung (nach der niederländischen Originalfassung von Huub Oosterhuis 1965): Dieter Trautwein 1966/72. Melodie: Tera de Marez-Oyens. © Burckhardthaus-Laetare Verlag, Gelnhausen.

39

2. Zolang de mensen woorden spreken, zolang wij voor elkaar bestaan, zolang zult Gij ons niet ontbreken, wij danken U in Jezus' naam.

3. Gij voedt de vogels in de bomen, Gij kleedt de bloemen op het veld, O Heer Gij zijt ons onderkomen en al mijn dagen zijn geteld.

4. Gij zijt ons licht, en eeuwig leven, Gij redt de wereld van den dood, Gij hebt uw Zoon aan ons gegeven, Zyn lichaam is het levend brood.

5. Daarom moet alles U aanbidden, uw liefde heeft het voortgebracht, Vader, Gijzelf zijt in ons midden, O Heer, wij zijn van uw geslacht.

Text: Huub Oosterhuis 1965.© Nederlands Hervormde Kerk.

40

2. As long as human words are spoken and for each other we exist, you give your love as faithful token, we thank you in the name of Christ.

3. You feed the birds in tree and rafter, you clothe the flowers of the field. You shelter us, now and hereafter, and to your care our days we yield.

4. You are our light and our salvation, you raise your people from the dead. You gave your Son for every nation, his body is the living bread.

5. The world is bound to bow before you, you brought it by your love to birth, you live among us, we adore you, we are your children down to earth.

Text-Übertragung: Fred Kaan 1972.© Rechte beim Übersetzer.

41

2. Sans fin, ton Verbe en nos paroles, sans fin, Seigneur, te chantera; l'amour s'éveille en nos coeurs d'hommes au nom du Fils, ton Bien-aimé.

3. L'oiseau reçoit sa nourriture, la fleur se pare de beauté; tu aimes toute créature, tu sais le prix de nos années.

4. Tu es, Seigneur, notre lumière, toi seul nous sauve de la mort; ton fils offert à tous les peuples est pour chacun le Pain vivant.

5. Heureux les hommes qui t'adorent, le monde ouvert à ton amour; l'Esprit déjà te nomme Pére: un jour, Seigneur, nous te verrons.

Text-Übertragung: Soeur Marie-Claire Sachot 1972. © Centre de Nationale Pastorale Liturgique, Paris.

42

1. Manch-mal ken-nen wir Got-tes Wil-len, manch-mal ken-nen wir nichts. Er-leuch-te uns, Herr, wenn die Fra-gen kom-men.

2. Manchmal sehen wir Gottes Zukunft, manchmal sehen wir nichts. Bewahre uns, Herr, wenn die Zweifel kommen.

3. Manchmal spüren wir Gottes Liebe, manchmal spüren wir nichts. Begleite uns, Herr, wenn die Ängste kommen.

4. Manchmal wirken wir Gottes Frieden, manchmal wirken wir nichts. Erwecke uns, Herr, daß dein Friede kommt.

Text: Kurt Marti/Arnim Juhre 1966. Melodie: Felicitas Kukuck 1967. © Gustav Bosse Verlag, Kassel/Regensburg.

2. Gott liebt diese Welt. Er rief sie ins Leben. Gott ist's, der erhält, was er selbst gegeben. Gott gehört die Welt!

3. Gott liebt diese Welt. Feuerschein und Wolke und das heil'ge Zelt sagen seinem Volke: Gott ist in der Welt!

4. Gott liebt diese Welt. Ihre Dunkelheiten hat er selbst erhellt: Im Zenit der Zeiten kam sein Sohn zur Welt.

5. Gott liebt diese Welt. Durch des Sohnes Sterben hat er uns bestellt, sein Reich zu ererben. Gott erneut die Welt!

6. Gott liebt diese Welt. In den Todesbanden keine Macht ihn hält. Christus ist erstanden: Leben für die Welt.

7. Gott liebt diese Welt. Er wird wiederkommen, wann es ihm gefällt, nicht nur für die Frommen, nein, für alle Welt!

Text und Melodie: Walter Schulz 1962. © Burckhardthaus-Laetare Verlag, Gelnhausen.

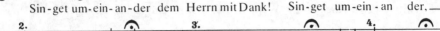

Sin-get um-ein-an-der dem Herrn mit Dank! Sin-get um-ein-an der,— sin-get um-ein-an-der,— sin-get um-ein-an-der dem Herrn mit Dank!

Text: Psalm 147, 7. Kanon für 4 Stimmen: Paul Ernst Ruppel 1956. © Verlag Singende Gemeinde, Wuppertal.

45 1. Nun danket alle Gott mit Herzen, Mund und Händen, der große Dinge tut an uns und allen Enden, der uns von Mutterleib und Kindesbeinen an unzählig viel zugut bis hierher hat getan.

2. Der ewigreiche Gott woll uns in unserm Leben ein immer fröhlich Herz und edlen Frieden geben und uns in seiner Gnad erhalten fort und fort und uns aus aller Not erlösen hier und dort.

3. Lob, Ehr und Preis sei Gott, dem Vater und dem Sohne und Gott dem Heilgen Geist im höchsten Himmelsthrone, ihm, dem dreieinen Gott, wie es im Anfang war und ist und bleiben wird, so jetzt und immerdar.

Text: Martin Rinckart 1636.

46 1. Now thank we all our God, with heart an hands an voices, who woundrous things hath done, in whom his world rejoices; who from our mother's arms hath blessed us on our way with countless gifts of love, and still is ours today.

2. O may this bounteous God through all our life be near us, with ever joyful hearts and blessed peace to cheer us, and keep us in his grace, and guide us when perplexed, and free us from all ills in this world and the next.

3. All praise and thanks to God the Father now be given, the Son, and Him who reigns with them in highest heaven, the one eternal God, whom earth and heaven adore; for thus it was, is now, and shall be evermore.

Text-Übertragung: Catherine Winkworth 1858.

47 1. Louons le Créateur, chantons à Dieu louanges! Et joignons notre voix au concert des saints anges! Dès les bras maternels il nous a protégés et jusqu'au dernier jour, il est notre berger.

2. Loué soit notre Dieu! Que notre vie entière tous nous vivions joyeux sous le regard du Pére, qu'il nous tienne en sa grâce et nous guide toujours, nous garde du malheur par son unique amour.

3. De ce Dieu trois fois saint qui règne dans la gloire, chrétiens empressons-nous de chanter la victoire; son Royaume est aux cieux où, plein de majesté, il règne, seul vrai Dieu, de toute éternité.

Text-Übertragung: F. du Pasquier 1950.

1. Dankt, dankt nu allen God met hart en **48** mond en handen, die grote dingen doet hier en in alle landen, die ons van kindsbeen aan, ja van de moederschoot, zijn vaderlijke hand en trouwe liefde bood.

2. De eeuwig-rijke God wil ons reeds in dit leven een vrij en vrolijk hart de milde vrede geven. Die uit genade ons behoudt te allen tijd, Hij redt uit alle nood, waar ons zijn hand ook leidt.

3. Lof, eer en prijs zij God die troont in 't licht daarboven. Hem, Vader, Zoon en Geest moet heel de schepping loven. Van Hem, de ene Heer, gaf het verleden blijk, het heden zingt zijn eer, de toekomst is zijn rijk.

Text und Kanon für 4 Stimmen: Hermann Stern 1943. © Beim Verfasser.

2. Lobet täglich unsern Gott, der uns Leben gibt. Lobet täglich unsern Gott, der uns alle liebt.

3. Danket gerne unserm Gott. Er gibt Wein und Brot. Danket gerne unserm Gott, Retter aus der Not.

4. Singet, danket unserm Gott, der die Welt erschuf. Singet, danket unserm Gott und folgt seinem Ruf.

Text: Kurt Rommel 1963. Melodie: Horst Weber 1963. © Burckhardthaus-Laetare Verlag, Gelnhausen.

Text: Bibel. Kanon für 2 Stimmen. © Unbekannt, um 1970.

52

1. Lobt den Herrn, lobt den Herrn, unter uns erblüht sein Stern. Er will uns zu Hilfe kommen, und er ist uns täglich nah; er kommt nicht nur zu den Frommen, er ist für uns alle da.

2. Lobt den Herrn, lobt den Herrn: er ist nicht mehr hoch und fern. Er hat allen Glanz verlassen, der ihn von den Menschen trennt; er geht jetzt durch unsre Straßen, wartet, daß man ihn erkennt.

3. Lobt den Herrn, lobt den Herrn: er hat seine Menschen gern. Hast du ihn noch nicht getroffen? Wird dir nicht sein Wort gesagt? Halte deine Türe offen, denn er hat nach dir gefragt.

Text: Gerhard Valentin 1973. Melodie: Aus Israel.© Burckhardthaus-Laetare Verlag, Gelnhausen.

Zu der Melodie des Liedes Nr. 52

53

1. Kommt herbei, singt dem Herrn, ruft ihm zu, der uns befreit. :||: Singend laßt uns vor ihn treten, mehr als Worte sagt ein Lied. :|

2. Er ist Gott, Gott für uns; wir die Menschen, die er liebt. :||: Darum können wir ihm folgen, können wir sein Wort verstehn. :|

3. Ja, er heißt: Gott für uns; wir die Menschen, die er liebt. :||: Darum können wir ihm folgen, können wir sein Wort verstehn. :|

4. Wir sind taub, wir sind stumm, wollen eigne Wege gehn. :||: Wir erfinden neue Götter und vertrauen ihnen blind. :|

5. Dieser Weg führt ins Nichts, und wir finden nicht das Glück, :||: graben unsre eignen Gräber, geben selber uns den Tod. :|

6. Menschen, kommt, singt dem Herrn, ruft ihm zu, der uns befreit. :||: Singend laßt uns vor ihn treten, mehr als Worte sagt ein Lied. :|

Text: Nach Psalm 95 Diethard Zils. © Bosse Verlag, Kassel/Regensburg.

Text- und Kanonfassung (nach einem schwedischen Volkslied): Paul Ernst Ruppel 1959. © Verlag Singende Gemeinde, Wuppertal.

Psalm 23

I Der Herr ist mein Hirte, mir wird nichts mangeln.

II Er weidet mich auf einer grünen Aue und führet mich zum frischen Wasser.

I Er erquicket meine Seele. Er führet mich auf rechter Straße um seines Namens willen.

II Und ob ich schon wanderte im finstern Tal, fürchte ich kein Unglück;

I denn du bist bei mir, dein Stecken und Stab trösten mich.

II Du bereitest vor mir einen Tisch im Angesicht meiner Feinde.

I Du salbest mein Haupt mit Öl und schenkest mir voll ein.

II Gutes und Barmherzigkeit werden mir folgen mein Leben lang,

I und ich werde bleiben im Hause des Herrn immerdar.

Text-Übertragung: Martin Luther.

1. Freue dich und glaube fest, daß der Herr dich nie verläßt, wenn du ganz sein Eigen. Laß die Sorgen, laß die Not! Alles sieht vor dir schon Gott; er wird Hilfe zeigen.
2. Bleib nicht bei den Zweifeln stehn! Gott will mit dir weitergehn, wird dich sicher führen. Sieh, die Arbeit steht bereit, jetzt noch ist die rechte Zeit. Willst du sie verlieren?
3. Wer zurückschaut, wer viel fragt, wird bald mutlos und verzagt, bleibt am Wege liegen. Leg dich nur in Gottes Hand, er gibt Freude, Mut, Verstand; mit ihm wirst du siegen!

Text: Evangelische freikirchliche Jugend in Jever 1957. Melodie und Satz: Herbert Beuerle 1957. © Burckhardthaus-Laetare Verlag, Gelnhausen.

1. Sonne der Gerechtigkeit, gehe auf zu unsrer Zeit; brich in deiner Kirche an, daß die Welt es sehen kann. Erbarm dich, Herr.

2. Weck die tote Christenheit aus dem Schlaf der Sicherheit, daß sie deine Stimme hört, sich zu deinem Wort bekehrt. Erbarm dich, Herr.

3. Schaue die Zertrennung an, der sonst niemand wehren kann; sammle, großer Menschenhirt, alles, was sich hat verirrt. Erbarm dich, Herr.

4. Tu der Völker Türen auf; deines Himmelreiches Lauf hemme keine List noch Macht. Schaffe Licht in dunkler Nacht. Erbarm dich, Herr.

5. Gib den Boten Kraft und Mut, Glauben, Hoffnung, Liebesglut, und laß reiche Frucht aufgehn, wo sie unter Tränen sä'n. Erbarm dich, Herrn.

6. Laß uns deine Herrlichkeit sehen auch in dieser Zeit und mit unsrer kleinen Kraft suchen, was den Frieden schafft. Erbarm dich, Herr.

7. Laß uns eins sein, Jesu Christ, wie du mit dem Vater bist, in dir bleiben allezeit heute wie in Ewigkeit. Erbarm dich, Herr.

Text: Strofe 1 und 6 Christian David 1741; Strofe 2, 4 und 5 Christian Gottlob Barth 1827; Strofe 3 Christian Nehring 1704; Strofe 7 Schlüchtern 1970; Strofe 1–6 von Otto Riethmüller 1932 zusammengestellt und ergänzt. © 1–6 Burckhardthaus-Laetare Verlag, Gelnhausen.

2. Wir hören jetzt auf Gottes Wort, und davon leben wir. Das wirkt im Alltag fort und fort, begleitet uns an jedem Ort. Und davon leben wir.

3. Wir sagen Gott, was uns bedrückt. Er hört uns ganz gewiß. Wenn er uns einen Kummer schickt, wenn uns mal nichts gelingt und glückt. Er hört uns ganz gewiß.

4. Wir singen Gott ein schönes Lied. Vergeßt nur nicht den Dank. Er, der uns täglich Gutes gibt, zeigt uns damit, daß er uns liebt. Vergeßt nur nicht den Dank.

5. Der Gottesdienst soll fröhlich sein. So fangen wir nun an. Gott lädt uns alle zu sich ein, und keines ist dafür zu klein. So fangen wir nun an.

Text und Melodie: Martin Gotthard Schneider 1975. © Verlag Ernst Kaufmann, Lahr/Christophorus Verlag, Freiburg.

1. The love of God is broad like beach and meadow, wide as the wind, and an eternal home. God leaves us free to seek him or reject him, he gives us room to answer 'yes' or 'no'. The love of God is broad like beach and meadow, wide as the wind, and an eternal home.

2. We long for freedom where our truest being is given hope and courage to unfold. We seek in freedom space and scope for dreaming, and look for ground where trees and plants may grow. The love of God . . .

3. But there are walls that keep us all divided; we fence each other in with hate and war. Fear is the bricks-and-mortar of our prison, our pride of self the prison coat we wear. The love of God . . .

4. O judge us, Lord, and in your judgment free us, and set our feet in freedom's open space; take us as your compassion wanders among the children of the human race. The love of God . . .

Text-Übertragung: Fred Kaan 1972. © Beim Übersetzer.

2. Wir wollen Freiheit, um uns selbst zu finden, Freiheit, aus der man etwas machen kann. Freiheit, die auch noch offen ist für Träume, wo Baum und Blume Wurzeln schlagen kann. Herr, deine Liebe . . .

3. Und dennoch sind da Mauern zwischen Menschen, und nur durch Gitter sehen wir uns an. Unser versklavtes Ich ist ein Gefängnis und ist gebaut aus Steinen unsrer Angst. Herr, deine Liebe . . .

4. Herr, du bist Richter! Du nur kannst befreien, wenn du uns freisprichst, dann ist Freiheit da. Freiheit, sie gilt für Menschen, Völker, Rassen, so weit wie deine Liebe uns ergreift. Herr, deine Liebe . . .

Text-Übertragung (nach der schwedischen Originalfassung von Anders Frostensson 1968): Ernst Hansen 1970. Melodie: Lars Åke Lundberg 1968. © Burckhardthaus-Laetare Verlag, Gelnhausen.

61

1. Dieu est amour, espace, large plaine, souffle du vent plus loin de l'horizon. Nous sommes lebres et rienne nous enchaîne; l'un dira oui, un autre dira non. Dieu est amour, espace, large plaine, souffle du vent plus loin que l'horizon.

2. Nous voulons vivre comme le vent sème, libre(s) avec liu, d'aller où nous voulons. Il n'est pas creux, l'espace de nos rêves; c'est une terre et nous l'ensemençons. Dieu est amour . . .

3. Oui, mais comment entr'ouvrir la fenêtre? Oui, mais comment sortir de nos maisons? Nous avons peur entre nos murs de pierre. Nous sommes seuls, chacun dans sa prison. Dieu est amour . . .

4. O, viens, Seigneur, exauce nos prières: viens, a aujourd'hui, accorder ton pardon; nous pourrons vivre, enfin, auprès du Père, libres d'aimer au souffle de son Nom: Dieu est amour . . .

Text-Übertragung: Nicole Berthet 1972. © Centre de Nationale Pastorale Liturgique, Paris.

62

Einer
1. Schwar-ze, Wei-ße, Ro-te, Gel-be, Gott hat sie al-le lieb.

Alle
Schwar-ze, Wei-ße, Ro-te, Gel-be, Gott hat sie lieb.

Gott macht keine Unterschiede, Gott hat uns alle lieb.
Gott ist Liebe, Gott gibt Friede. Gott hat uns lieb.

2. Arm und Reich, Gesunde, Kranke . . .
3. Eltern, Kinder, Lehrer, Schüler . . .
4. Große, Kleine, Jungen, Mädchen . . .

Weitere Strofen selbst erfinden.

Text und Melodie: Kurt Rommel 1971. © Burckhardthaus-Laetare Verlag, Gelnhausen.

Segen

Herr, segne uns
   und alle Urlauber.
Herr, behüte uns
   und alle, die keinen Urlaub machen können.
Herr, laß dein Angesicht leuchten über uns
   und gib uns offene Augen für deine Schöpfung.

Herr, sei uns gnädig,
   wenn wir über dem Schönen die Menschen in Not übersehen.
Herr, erheb dein Angesicht auf uns
   und laß uns nicht aus deinen Augen.
Herr, gib uns Frieden
   in die Herzen, in die Familien, in die Gemeinden und in die ganze Welt.
Amen.

Text: Kurt Rommel 1980.

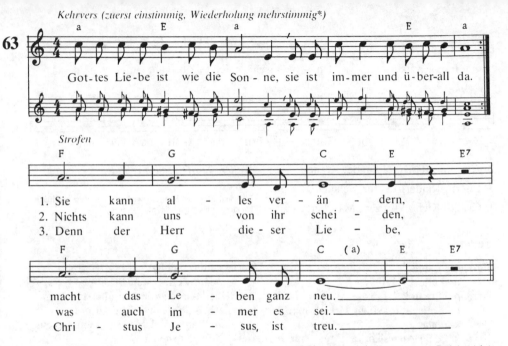

* Melodie und Mittelstimme des unteren Systems ergeben einen zweistimmigen Satz, der durch die Unterstimme zur Dreistimmigkeit und schließlich durch die Oberstimme zur Vierstimmigkeit erweitert werden kann.

Text und Melodie: Team einer Ostertagung 1970. Neufassung der Strofen in Anlehnung an Römer 8, 38.39: Paul Ernst Ruppel 1972.
Satz: Herbert Beuerle 1978. © Verlag Singende Gemeinde, Wuppertal.

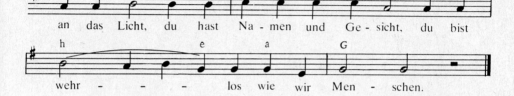

2. Wie ein Schatten, wie ein Rauschen kamst du zu uns als ein Kind, unnachspürbar wie der Wind, der in Bäumen zu belauschen.

3. Haben dich als Licht gefunden, als den Leitstern über Land, doch die Spur verläuft im Sand, in den Tod bist du verschwunden.

4. Brunnen bist du, tief begraben, wie ein Mensch in Sand und Stein. Wird da je ein andrer sein, werden Frieden wir noch haben?

5. Bist uns als ein Wort gegeben, Furcht uns, Hoffnung in der Nacht, Schmerz, der uns genesen macht, als ein neues Tor zum Leben.

Text-Übertragung (nach der niederländischen Originalfassung von Huub Oosterhuis): Peter Pawlowsky. Melodie: Floris van der Putt. © Christophorus-Verlag, Freiburg.

Tischgebete

Aller Augen warten auf dich, Herr; du gibst uns Speise zur rechten Zeit. Du öffnest deine Hand und erfüllst alles, was lebt, mit Segen. Amen.

Alles Gute kommt von dir, o Herr. Segne diese Speisen. Wir wollen sie in Dankbarkeit genießen. Amen.

O Gott, von dem wir alles haben, wir danken dir für diese Gaben. Du speisest uns, weil du uns liebst. O segne auch, was du uns gibst. Amen.

Herr und Vater, wir danken dir für dieses Mahl. Du hast uns heute neu gestärkt. Hilf uns in deiner Kraft, dir und unseren Mitmenschen zu dienen. Amen.

Gib uns das Brot, von dem wir leben. Hab Dank, Herr, für dein Brot. Laß uns vom Brot auch weitergeben, dann weichen Hunger und Not. Amen.

Du gibst, o Gott, uns Speis und Trank, Gesundheit, Kraft und Leben. Wir nehmen hin mit frohem Dank auch, was du jetzt gegeben. Amen.

Text: Volkstümlich. Melodie und Satz: Paul Ernst Ruppel 1952. © Möseler Verlag, Wolfenbüttel/Zürich + Voggenreiter Verlag, Bad Godesberg.

Text: Volkstümlich. Kanon für 3 Stimmen: Paul Ernst Ruppel 1951. © Möseler Verlag, Wolfenbüttel/Zürich.

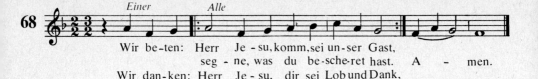

Text-Gestaltung und Melodie: Herbert Beuerle 1964. © Burckhardthaus-Laetare Verlag, Gelnhausen.

2. Der Herr lädt uns an seinen Tisch. Er läßt uns nicht allein. Er gibt uns Platz in seinem Haus: Wir können fröhlich sein.

3. Der Herr lädt uns an seinen Tisch. Er hat kein Herz aus Stein, vergibt uns Schuld und macht uns frei: Wir können fröhlich sein.

4. Der Herr lädt uns an seinen Tisch, entreißt uns allem Schein. Er gibt uns Sinn und guten Mut: Wir können fröhlich sein.

5. Der Herr lädt uns an seinen Tisch. Wen er ruft, der ist neu. Ins Morgen weist er unser Herz: Wir können fröhlich sein.

6. Der Herr lädt uns an seinen Tisch, zerstört der Sorge Pein. Er zeigt uns Wege aus der Nacht: Wir können fröhlich sein.

7. Der Herr lädt uns an seinen Tisch mit vielen, groß und klein. Gemeinschaft ist das Ziel mit uns: Wir können fröhlich sein.

8. Der Herr lädt uns an seinen Tisch. Er gibt uns Brot und Wein und damit seine Gegenwart: Wir können fröhlich sein.

Text und Melodie: Kurt Rommel 1976. © Burckhardthaus-Laetare Verlag, Gelnhausen.

70 1. Korinther 11, 23–25

In der Nacht, da er verraten ward, nahm Jesus, der Herr, Brot, sprach die Worte des Lobgesangs, brach es und sprach: ,,Das ist mein Leib, den ich für euch hingebe. So sollt ihr das Brot essen zum Gedenken an mich." Nach dem Mahl nahm er in gleicher Weise den Kelch und sprach: ,,Dieser Kelch ist das Zeichen für die Gemeinschaft der Liebe zwischen Gott und euch, die in meinem Tod geschlossen wird, durch mein Blut. So sollt ihr es halten, so oft ihr trinkt, zum Gedenken an mich."

Text-Übertragung: Jörg Zink, Das Neue Testament. © Kreuz Verlag, Stuttgart/Berlin.

Text: Mündlich überliefert. Kanon für 4 Stimmen: Aus den Niederlanden (?). © Burckhardthaus-Laetare Verlag, Gelnhausen.

Ich bin das Brot, das Brot des Le - bens für je - den bin ich.
Ich bin die Tür, der Weg und die Tür für die Ar. - men bin ich.
Ich bin das Licht, das eine wahre Licht für die Welt bin __ ich.
Ich bin der Hirt, der eine gute Hirt für die Scha - fe bin ich.
Ich bin das Leben, die Auf - er - stehung und das Le - ben bin ich.

Text-Übertragung (nach der englischen Originalfassung von Dermott Monahan 1962): Paul Ernst Ruppel 1975. Melodie: Aus Indien (Urdu) 1962. © Verlag Singende Gemeinde, Wuppertal.

Tischgebete

Das Brot, Herr, uns segne, das tägliche Brot. Bewahr uns vor Zwietracht und bitterer Not und gib allen Hungernden in allem Land das tägliche Brot, Herr, mit gütiger Hand. Amen.

Laß uns in allem, was du gibst, erkennen, Herr, daß du uns liebst. Amen.

Wir danken dir, Herr, denn du bist freundlich und deine Güte reicht in Ewigkeit. Amen.

Einiges muß noch geschehen, ehe die Sonne sinkt: Die Hungernden sind noch hungrig, die Dürstenden durstig, die Weinenden ungetröstet. Einiges muß noch geschehen, ehe die Sonne sinkt und die Tore schließen. Schon werden die Schatten lang.

Guter Gott, du hast uns satt und froh gemacht. Wir danken dir, daß wir beisammensein dürfen. Amen.

1. Un-ser täg-lich Brot, das sind Stra-ßen und Ma-schi-nen, das ist täg-lich Geld ver-die-nen, um uns Hun-ger, Not.

2. Menschen, unbefreit, Haß und Kriege allerorten, Rassen, die sich täglich morden, Ungerechtigkeit.

3. Du hast Brot und Wort ohne Unterschied gegeben, brüderlich davon zu leben. Wer gehorcht dir, Gott?

4. Doch du stehst dafür, uns zu stärken und zu leiten, deine Erde zu bereiten. Danach hungern wir.

5. Das ist unser Dank: dich zu loben, weil wir wissen, einer hat das Band durchrissen, der den Tod bezwang.

6. Sein Geist macht uns reich, für die Starken, für die Schwachen deinen Frieden wahr zu machen, täglich, heute, gleich.

Text: Friedrich Hoffmann 1969. Melodie: Herbert Beuerle 1970. © Burckhardthaus-Laetare Verlag, Gelnhausen.

Segen

Es segne dich Gott der Vater; er sei der Raum, in dem du lebst.
Es segne dich Jesus Christus, der Sohn; er sei der Weg, auf dem du gehst.
Es segne dich Gott, der Heilige Geist; er sei das Licht, das dich zur Wahrheit führt.

Der Herr segne dich und behüte dich;
der Herr lasse sein Angesicht leuchten über dir und sei dir gnädig;
der Herr erhebe sein Angesicht über dich und gebe dir Frieden.
Amen.

Text: 4. Mose 6, 24–26.

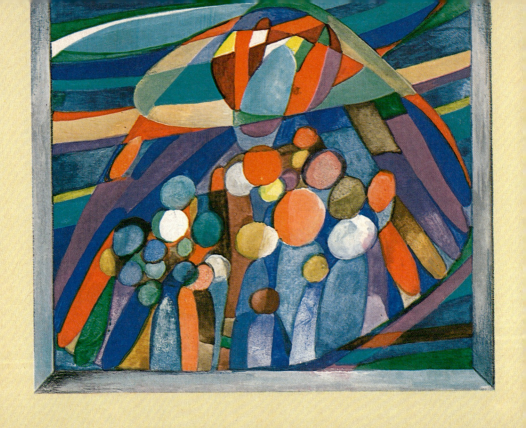

Apostolisches Glaubensbekenntnis 75

Ich glaube an Gott, den Vater, den Allmächtigen, den Schöpfer des Himmels und der Erde,

und an Jesus Christus, seinen eingeborenen Sohn, unsern Herrn, empfangen durch den Heiligen Geist, geboren von der Jungfrau Maria, gelitten unter Pontius Pilatus, gekreuzigt, gestorben und begraben, hinabgestiegen in das Reich des Todes, am dritten Tage auferstanden von den Toten, aufgefahren in den Himmel; er sitzt zur Rechten Gottes, des allmächtigen Vaters; von dort wird er kommen, zu richten die Lebenden und die Toten.

Ich glaube an den Heiligen Geist, die heilige christliche Kirche, Gemeinschaft der Heiligen, Vergebung der Sünden, Auferstehung der Toten und das ewige Leben. Amen.

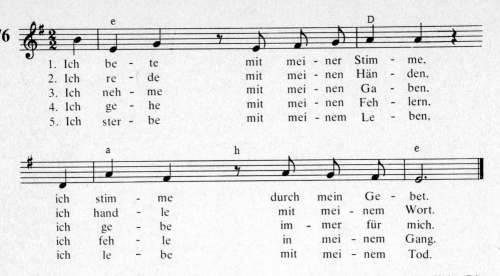

Text: Wolfgang Fietkau 1969. © Beim Verfasser. Melodie: Johannes Petzold 1972. © Burckhardthaus-Laetare Verlag, Gelnhausen.

1. Lie-ber Herr, in dei-ner Gü - te sei uns freundlich und be-hü - te uns mit
2. Wie die Ber - ge hoch im Lee-ren, wie die Tie-fen in den Mee-ren steht dein
3. Wie wir uns-re Zuflucht hat-ten un ter dei-nem Flü-gel-schatten, so ver-

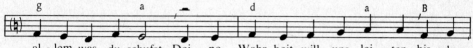

al - lem, was du schufst. Dei - ne Wahr-heit will uns lei - ten, bis du
Reich von An-fang fest. Du hilfst Men-schen und den Tie - ren, nichts kann
laß uns fer - ner nicht. Denn das Le - ben, das nicht en - det, und das

uns aus un-sern Wei-ten wie - der na - he zu dir rufst.
sich vor dir ver - lie - ren was von dir sich hal - ten läßt.
Licht, das nicht ver - blen - det, se - hen wir in dei - nem Licht.

Text: Gerhard Valentin 1964. © Friederich Wittig Verlag, Hamburg. Melodie: Herbert Beuerle 1976. © Burckhardthaus-Laetare Verlag, Gelnhausen.

78

1. Jesus Christus herrscht als König, alles wird ihm untertänig, alles legt ihm Gott zu Fuß; aller Zunge soll bekennen, Jesus sei der Herr zu nennen, dem man Ehre geben muß.

2. Gott ist Herr, der Herr ist Einer und demselben gleichet keiner, nur der Sohn, der ist ihm gleich. Dessen Stuhl ist unumstößlich, dessen Leben unauflöslich, dessen Reich ein ewig Reich.

3. Nur in ihm, o Wundergaben, können wir Erlösung haben, die Erlösung durch sein Blut. Hört's: das Leben ist erschienen, und ein ewiges Versühnen kommt in Jesu uns zugut.

4. Jesus Christus ist der Eine, der gegründet die Gemeine, die ihn ehrt als teures Haupt. Er hat sie mit Blut erkaufet, mit dem Geiste sie getaufet, und sie lebet, weil sie glaubt.

5. Ich auch auf der tiefsten Stufen, ich will glauben, reden, rufen, ob ich schon noch Pilgrim bin: Jesus Christus herrscht als König, alles wird ihm untertänig; ehret, liebet, lobet ihn!

Text: Philipp Friedrich Hiller 1755.

79

1. Herr, unser Herr, wie bist du zugegen und wie unsagbar nah bei uns. Allzeit bist du um uns in

1. Heer, onze Heer, hoe zijt gij aanwezig en hoe onzegbaar ons nabij. Gij zijt gestadig met ons

Sor - ge, in dei - ner Lie - be birgst du uns.
be - zig on - der uw vleu - gels rus - ten wij.

2. Du bist nicht fern, denn die zu dir beten, wissen, daß du uns nicht verläßt. Du bist so menschlich in unsrer Mitte, daß du wohl dieses Lied verstehst.

3. Du bist nicht sichtbar für unsre Augen und niemand hat dich je gesehn. Wir aber ahnen dich und glauben, daß du uns trägst, daß wir bestehn.

4. Du bist in allem tief verborgen, was lebt und sich entfalten kann. Doch in den Menschen willst du wohnen, mit ganzer Kraft uns zugetan.

5. Herr, unser Herr, wie bist du zugegen, wo nur auf Erden Menschen sind. Bleib gnädig so um uns in Sorge, bis wir in dir vollkommen sind.

2. Gij zijt niet ver van wie U aanbidden niet hoog en breed van ons vandaan. Gij zijt zo mens'lijk in ons midden dat Gij dit lied wel zult verstaan.

3. Gij zijt onzichtbaar voor onze ogen en niemand heeft U ooit gezien. Maar wij vermoeden en geloven dat Gij ons draagt, dat Gij ons dient.

4. Gij zijt in alles diep verscholen in al wat leeft en zich ontvouwt. Maar in de mensen wilt Gij wonen met hart en ziel aan ons getrouwd.

5. Heer onze Heer, hoe zijt Gij aanwezig waar ook ter wereld mensen zijn. Blijf zo genadig met ons bezig, tot wij in U volkomen zijn.

Text-Übertragung (nach der niederländischen Originalfassung von Huub Oosterhuis): Peter Pawlowsky 1975. Melodie: Niederländisches Volkslied. © Christophorus-Verlag, Freiburg.

Text: Huub Oosterhuis. © Liturgische Gezangen voor de Viering van de Eucharistie, Hilversum 1972.

2. Auf wen denn sollen wir trauen, wenn nicht auf dich, Herr? Auf wen denn sollen wir bauen, wenn nicht auf dich, Herr? O Herr, du Meister, o Herr, du Gott, wir bleiben ganz bei dir!

3. Zu wem denn sollen wir beten, wenn nicht zu dir, Herr? Zu wem denn sollen wir treten, wenn nicht zu dir, Herr? O Herr, du Meister, o Herr, du Gott, wir bleiben ganz bei dir!

Text (zu Johannes 6, 68): Kurt Rommel 1962. Melodie und Satz: Horst Weber 1964. © Burckhardthaus-Laetare Verlag, Gelnhausen.

83 Vater unser

Alle **Vater unser im Himmel.**

I **Du bist unser Vater, und wir sind deine Kinder. Du beschenkst uns reich und gibst uns freien Raum und freie Zeit.**

II **Laß uns unseren Urlaub richtig nützen.**

Alle **Geheiligt werde dein Name.**

I **Wir lernen im Urlaub viele neue Namen kennen und finden neue Freunde.**

II **Laß uns deinen Namen nicht vergessen.**

Alle **Dein Reich komme.**

I **Wir suchen Entspannung und Ruhe. Wir brauchen äußeren und inneren Frieden.**

II **Laß uns auf dein Reich des Friedens hinarbeiten und warten.**

Alle **Dein Wille geschehe, wie im Himmel, so auf Erden.**

I **Wir wollen selber viel unternehmen und haben unsere Vorstellungen, Vorsätze und Pläne.**

II **Laß uns deinen Willen erkennen, ihm gehorchen und ihn tun.**

Alle **Unser tägliches Brot gib uns heute.**

I **Wir haben unser Einkommen und Auskommen, genug zu essen und zu leben.**

II **Laß uns auch im Urlaub der Hungernden gedenken.**

Alle **Vergib uns unsere Schuld, wie auch wir vergeben unsern Schuldigern.**

I **Wir nehmen unsere alte Schuld mit, auch in die schönen Tage. Unsere Vergangenheit läßt uns nicht los.**

II **Laß uns Vergebung von dir annehmen und sie anderen gewähren.**

Alle **Führe uns nicht in Versuchung.**

I **Alles kann uns zur Versuchung werden, dich und unsere Mitmenschen zu vergessen.**

II **Laß uns den rechten Weg zueinander finden und miteinander durchs Leben gehen.**

Alle **Erlöse uns von dem Bösen.**

I **Trotz des Schönen ist viel Böses in uns und um uns: die Angst, der Haß, der Neid, das Leid, der Tod.**

II **Laß uns glauben, daß du das Böse besiegt hast.**

Alle **Denn dein ist das Reich und die Kraft und die Herrlichkeit in Ewigkeit. Amen.**

Text: Kurt Rommel 1979.
© Burckhardthaus-Laetare Verlag, Gelnhausen.

Text (Gib uns Frieden) und Kanon für 3 Stimmen: Mündlich überliefert.

85 Philipper 2, 5–11

Christus allein ist das Maß unseres Lebens. Er war wie Gott, hielt aber nicht daran fest, Gott gleich zu sein, sondern verzichtete auf dieses Vorrecht aus freiem Entschluß. Er wurde ein Mensch, der anderen diente. Er erniedrigte sich und war gehorsam bis zum Tod, bis zum Tod am Kreuz.

Darum hat ihn Gott über alles erhoben und ihm den Namen gegeben, der über allen Namen steht. Wo dieser Name genannt wird, werden alle sich beugen, im Himmel und auf der Erde und im Reich der Toten. Sie alle werden bekennen: „Jesus Christus ist Herr!" So rühmen und preisen sie Gott.

Text aus: Gottesdienst im Urlaub, hg. von Hans-Georg Pust u. a. 1980. © Schriftenmissionsverlag, Gladbeck.

86. 1. Ich re-de, wenn ich schwei-gen soll-te, und wenn ich et-was sa-gen soll-te, dann bin ich plötz-lich

2. Ich schweige, wenn ich reden sollte, und wenn ich einmal hören sollte, dann kann ichs plötzlich nicht, dann kann ichs plötzlich nicht. Herr, hilf das Rechte sagen . . .

3. Ich glaube, wenn ich zweifeln sollte, und wenn mein Glaube tragen sollte, dann bin ich tatenlos, dann bin ich tatenlos. Herr, hilf das Rechte sagen . . .

4. Ich zweifle, wenn ich glauben sollte, und wenn ich kritisch fragen sollte, dann nehm ich alles an, dann nehm ich alles an. Herr, hilf das Rechte sagen . . .

Text: Kurt Rommel 1965. Melodie: Paul Bischoff 1965.
© Gustav Bosse Verlag, Kassel/Regensburg.

87

1.	2.	3.
Herr, leh - re	uns be -	ten!
A - men.	A - men.	A - men.

Text: Lukas 11, 1. Kanon für 3 Stimmen: Paul Ernst Ruppel 1960. © Verlag Merseburger, Berlin/Kassel.

88 Psalm 90

I Herr, tausend Jahre sind für dich wie ein Tag, der im Nu vorbei ist.

II Du säst Menschen aus Jahr um Jahr; sie wachsen wie Blumen auf der Wiese:

I morgens blühen sie, am Abend schon sind sie verwelkt.

II Vielleicht leben wir siebzig Jahre oder sogar achtzig –

I was haben wir davon? Mühe und Last! Wie schnell ist alles vorbei und wir sind nicht mehr.

II Herr, zeig uns, wie kurz unser Leben ist, damit wir zur Einsicht kommen!

89. Herr Gott, du bist uns-re Zu-flucht für und für.

Text: Psalm 90,1. Kanon für 3 Stimmen: Herbert Beuerle 1979. © Verlag Singende Gemeinde, Wuppertal.

Text: Aus Apostelgeschichte 1, 8. Melodie: Paul Ernst Ruppel 1963. © Verlag Singende Gemeinde, Wuppertal.

Frieden

Herr, mach mich zum Werkzeug deines Friedens, daß ich Liebe übe, wo man sich haßt, daß ich verzeihe, wo man sich beleidigt, daß ich verbinde, wo Streit ist, daß ich Hoffnung wecke, wo Verzweiflung quält, daß ich ein Licht anzünde, wo die Finsternis regiert, daß ich Freude bringe, wo der Kummer wohnt. Amen.

2. Laßt uns gehn in unser Land, wo wir die Wahrheit sagen können! Ist nicht weit, das schöne Land, wo wir die Wahrheit sagen können.

3. Laßt uns gehn in unser Land, wo jeder gute Freunde findet! Ist nicht weit, das schöne Land, wo jeder gute Freunde findet.

4. Laßt uns gehn in unser Land, wo wir wie Brüder alles teilen! Ist nicht weit, das schöne Land, wo wir wie Brüder alles teilen.

5. Laßt uns gehn in unser Land, wo wir einander gut verstehen! Ist nicht weit, das schöne Land, wo wir einander gut verstehen.

6. Laßt uns gehn in unser Land, wo Große nicht die Kleinen schrecken! Ist nicht weit, das schöne Land, wo Große nicht die Kleinen schrecken.

7. Laßt uns gehn in unser Land, wo wir in Freiheit leben können! Ist nicht weit, das schöne Land, wo wir in Freiheit leben können.

Strofen ohne Pausen weitersingen, weitere Strofen selbst erfinden.

Text: Peter Horst und Ludwig Keller 1972. Melodie: Ludwig Keller 1972. © Burckhardthaus-Laetare Verlag, Gelnhausen.

2. Die Bäume haben Wurzeln, die Bäume dürfen kräftig stehn, doch Menschen müssen weitergehn. Die Bäume haben Wurzeln, doch Menschen gehn vorbei.

3. Die Füchse haben Höhlen, der Mensch entbehrt des sichern Stegs, ist immer heimwärts unterwegs. Die Füchse haben Höhlen – doch wer ist unser Weg?

4. Die Menschen haben Sorgen, der Leib ist schwer, das Brot ist knapp, der eine nützt den andern ab. Wer weiß etwas von morgen? Bestimmt kommt nur der Tod.

5. Ein Mensch zu sein auf Erden heißt suchen, nie gesättigt sein, der Gnade schmerzhaft teilhaft sein, heißt ruhen in der Erde, wenn alles ist vollbracht.

6. Wie werden wir vollbringen, was durch die Zeiten dauern muß, ein Mensch zu sein, der sterben muß? Wir brennen vor Verlangen, bis es vollendet ist.

Text-Übertragung (nach der niederländischen Originalfassung von Huub Oosterhuis): Peter Pawlowsky 1975. Melodie: Tera de Marez-Oyens. © Christophorus-Verlag. Freiburg.

2. De bomen hebben wortels de bomen mogen stevig staan maar mensen moeten verder gaan de bomen hebben wortels maar mensen gaan voorbij.

3. De vossen hebben holen de mensen weten heg noch steg zijn altijd naar hun huis op weg de vossen hebben holen maar wie is onze weg?

4. De mensen hebben zorgen het brood is duur, het lichaam zwaar en wij verslijten aan elkaar. Wie kent de dag van morgen? De dood komt lang verwacht.

5. Een mens te zijn op aarde is pijnlijk begenadigd zijn en zoeken, nooit verzadigd zijn is rusten in de aarde als alles is volbracht.

6. Hoe zullen wij volbrengen wat door de eeuwen duren moet? een mens te zijn die sterven moet? Wij branden van verlangen tot alles is voltooid.

Text: Huub Oosterhuis. © Liturgische Gezangen voor de Viering van de Eucharistie. Hilversum 1972.

3. Viele bangen täglich vor dem Morgen. Wem nur bringt die Einsamkeit Gewinn? Jeder wär beim andern gern geborgen. Wer gibt denn dem Leben einen Sinn? Du bist nicht allein ...

4. Viele Menschen fühlen sich verlassen. Einen gibt es, der mit ihnen geht; er wird sie an ihren Händen fassen, weil er ihre Sehnsucht ganz versteht. Du bist nicht allein ...

Text: Hans-Dieter Stolze 1974. Melodie: Herbert Beuerle 1974. © Verlag Singende Gemeinde, Wuppertal.

1. Nur Wüste, Wüste um uns her, Sonne, Sand und Staub, und nichts hat Richtung, nichts Gestalt: Öde, fahl und leer.
2. Wir sind ein Haufe, nicht ein Volk, jeder sucht sich selbst, verhüllt sich kalt in sein Gewand, dreht sich, stolpert, fällt.

3. Dahinten liegt die Sklaverei, Fron, Verbot und Angst. Dort war der Fleischtopf voll, und jetzt Freiheit, Fragen, Not.

4. Wir sind versengt und ausgedörrt, Hunger, Trieb und Durst. Am Leben hält ein Bissen Brot und ein Schluck vom Wein.

5. Wir suchen das gelobte Land, Quellen, Blüten, Frucht. Es gibt ein Wort, das davon spricht. Wüste, laß uns los!

Text und Melodie: Ernst Hansen 1968. © Agentur des Rauhen Hauses, Hamburg.

3. Wie kann man da bestehen, wird es so weitergehen? Ist das des Lebens Lauf? Laß deine Fragen! Ich will dir sagen: Gott gibt Antwort darauf.

4. Er, der dir dieses Leben nach seinem Willn gegeben, hält es in seiner Hand. Er ist dein Vater, Helfer, Berater, hat sich zu dir bekannt.

5. Siehst du den Sinn des Lebens? Warum suchst du vergebens nach seinem Zweck und Ziel? Laß dich doch führen, und du wirst spüren, mit Gott gewinnst du das Spiel!

Text und Melodie: Mathilde Oltmann-Steil 1966. © Burckhardthaus-Laetare Verlag, Gelnhausen.

Text: Mündlich überliefert. Kanon für 2 Stimmen und Ostinato ad lib.: Johannes Petzold 1946. Abdruck mit Genehmigung des Verfassers.

1. Ich werfe meine Fragen hinüber wie ein Tau von einem Schiff ans Land. Vielleicht ist einer da und greift herüber. Vielleicht, vielleicht nimmt einer mich an meine
2. Ich werfe meine Bitten hinüber wie ein Tau von einem Schiff ans Land. Vielleicht ist einer da und greift herüber. Vielleicht, vielleicht nimmt einer mich an meine
3. Ich werfe meine Angst zu Dir hinüber wie ein Tau von einem Schiff ans Land. Vielleicht bist du dann da und greifst herüber. Vielleicht, vielleicht nimmst du mich dann an meiner
4. Ich werfe meinen Dank zu Dir hinüber wie ein Tau von einem Schiff ans Land. Denn du bist da und greifst zu mir herüber. Denn du bist da, bist da und nimmst mich an der

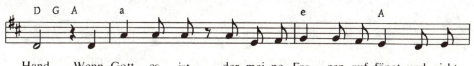

Hand. Wenn Gott es ist, der mei-ne Fra-gen auf-fängt und nicht
Hand. Wenn Gott es ist, der mei-ne Bit-ten auf-fängt und nicht
Hand. Wenn Gott es ist, der mei-ne Ängs-te auf-fängt und nicht
Hand. Wenn Gott es ist, der all mein Dan-ken auf-fängt und nicht

läßt, wenn Gott es ist, dann hält er mich samt meinen Fra-gen fest.
läßt, wenn Gott es ist, dann hält er mich samt meinen Bit-ten fest.
läßt, wenn Gott es ist, dann hält er mich samt meinen Äng-sten fest.
läßt, weil Gott es ist, hält er auch mich samt meinem Danken fest.

Text: Ulrich G. Fick 1976. Melodie: Gerhard Kloft 1976. © Ton- und Bildstelle, Frankfurt am Main.

Vater unser

100

Vater unser im Himmel. Geheiligt werde dein Name. Dein Reich komme. Dein Wille geschehe, wie im Himmel, so auf Erden. Unser tägliches Brot gib uns heute. Und vergib uns unsere Schuld, wie auch wir vergeben unseren Schuldigern. Und führe uns nicht in Versuchung, sondern erlöse uns von dem Bösen. Denn dein ist das Reich und die Kraft und die Herrlichkeit in Ewigkeit. Amen.

4. Vergib dir Fehler und Fragment. Nur, wer die eignen Grenzen kennt, vergibt dem andern neben sich. Gott will, daß du ihn liebst wie dich.

5. Gott nimmt dich an und ist dir gut. Gib weiter, was er Gutes tut, an deinen Nächsten neben dir. Dann wird aus Du und Du ein Wir.

Text (zu Matthäus 22, 39): Detlev Block 1975. © Vandenhoeck & Ruprecht Verlag, Göttingen. Melodie: Herbert Beuerle 1978. © Burckhardthaus-Laetare Verlag, Gelnhausen

1. Lie-be ist nicht nur ein Wort, Lie-be, das sind Wor-te und Ta-ten. Als Zei-chen der Lie-be ist Je-sus ge-bo-ren, als Zei-chen der Lie-be für die-se Welt.

2. Freiheit ist nicht nur ein Wort, Freiheit, das sind Worte und Taten. Als Zeichen der Freiheit ist Jesus gestorben, als Zeichen der Freiheit für diese Welt.

3. Hoffnung ist nicht nur ein Wort, Hoffnung, das sind Worte und Taten. Als Zeichen der Hoffnung ist Jesus lebendig, als Zeichen der Hoffnung für diese Welt.

Text: Eckart Bücken 1975. Melodie: Gerd Geerken 1975. © Bosse Verlag, Kassel/Regensburg.

Die Taube spricht

Zum Friedensvogel ward ich jüngst gemacht. Ich sah's auf dem Plakat und hab gedacht: Daß mir solch hohe Ehr beschieden, steht mir zwar reizend zu Gesicht und macht mich eitel schier – doch lieber wäre mir, sie hätten ihren Vogel nicht und hielten dafür Frieden.

Text: Rudolf Otto Wiemer. © Beim Verfasser.

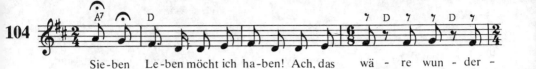

2. Träte auf im nächsten Leben dann im Zirkus, bitte sehr, und man würde mich bestaunen, mal als Clown, mal als Dompteur. Und im dritten Leben käm ich als Politiker heraus, konferierte täglich zwischen Moskau und dem Weißen Haus.

3. Filmstar und auch Schlagersänger, dieses reservier ich mir (schnelle Autos, schöne Frauen) für das Leben Nummer vier. Um der Menschheit aufzuhelfen, wär im fünften Leben ich ein gar hochberühmter Arzt und Wunderdoktor sicherlich.

4. Sechstes Leben: Das Bisher'ge scheint mir alles zu gering. Weltraumfahrer möcht ich werden. Das wär schon ein tolles Ding. Und im siebten Leben wär ich – ja, was könnt ich da noch sein? Ganz gewiß fällt mir bis dahin irgendwas Besondres ein.

5. Sieben Leben möcht ich haben! Eines ist mir zugeteilt. Und nur eines kann ich leben, ehe es im Nu enteilt. Daß dies eine, meines, hier mit Freude, Kummer, Pflicht und Spaß, doch ein gutes Leben werde: Hoffentlich gelingt mir das.

Text und Melodie: Martin Gotthard Schneider 1975. © Verlag Ernst Kaufmann, Lahr / Christophorus-Verlag, Freiburg i. Br.

2. Es ist noch nicht entschieden, wie wir das Ziel verstehn, die Völker sind verschieden und jedes will bestehn. Wer kann die Vielfalt richten durch Gottes Ebenbild?

3. Es ist noch nicht entschieden, was groß heißt und was klein, der lange Marsch zum Frieden ist noch nicht allgemein. Die Liebe hilft verwandeln, damit die Angst vergeht.

Text: Arnim Juhre 1973. © Beim Verfasser. Melodie: Herbert Beuerle 1973. © Burckhardthaus-Laetare-Verlag, Gelnhausen.

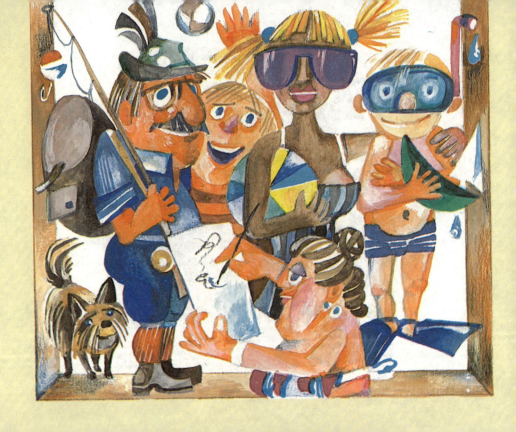

Am Fenster ist ein Brummer 106

Am Fenster ist ein Brummer, der brummt durchs ganze Haus, er klettert an der Scheibe und kommt doch nicht hinaus. Er kann es nicht begreifen, was da mit ihm geschieht: Seit wann gibt's Hindernisse, die unsereins nicht sieht? Noch einmal nimmt er Anlauf, der schwarzberockte Tropf, bumst an das Unsichtbare mit seinem dicken Kopf. Er zappelt auf dem Rücken: Fürwahr, da ist was dran – es gibt in unserm Leben mehr, als man sehen kann.

Text: Rudolf Otto Wiemer. © Beim Verfasser.

Text 1–3 (Faulheits-Ächzer): Gerhard Valentin 1973; 4: Herbert Beuerle 1972. Kanon für 3 Stimmen: Gottfried Neubert 1970.
© Burckhardthaus-Laetare Verlag, Gelnhausen.

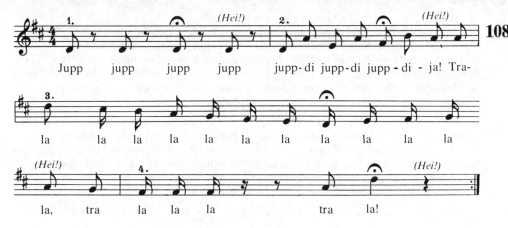

Der Kanon schließt bei den Fermaten und mit einem danach gerufenen „Hei!". – Zu untermalen mit Händen, Füßen, „Schlagzeug" aller Art.

Text und Kanon für 4 Stimmen: Christian Lahusen. © Bärenreiter-Verlag, Kassel.

Text und Kanon für 4 Stimmen: Herbert Beuerle 1973. © Burckhardthaus-Laetare Verlag, Gelnhausen.

110

1. Auf, du junger Wandersmann, jetzo kommt die Zeit heran, die Wanderzeit, die gibt uns Freud. Wolln uns auf die Fahrt begeben, das ist unser schönstes Leben; große Wasser, Berg und Tal anzuschauen überall.

2. An dem schönen Donaufluß findet man ja seine Lust und seine Freud auf grüner Heid, wo die Vöglein lieblich singen und die Hirschlein fröhlich springen; dann kommt man vor eine Stadt, wo man gute Arbeit hat.

3. Mancher hinterm Ofen sitzt und gar fein die Ohren spitzt, kein Stund fürs Haus ist kommen aus; den soll man als Gsell erkennen oder gar ein Meister nennen, der noch nirgends ist gewest, nur gesessen in seim Nest?

4. Morgens, wenn der Tag angeht und die Sonn am Himmel steht, so herrlich rot wie Milch und Blut; auf, ihr Brüder, laßt uns reisen, unserm Herrgott Dank erweisen, für die fröhlich Wanderzeit, hier und in die Ewigkeit.

Text: Franz Wilhelm Freiherr von Ditfurth 1855.

111

1. Sprung auf und in das Le-ben, ihr jun-gen Ka-me-ra-den, wir wol-len wie die Re-ben in Son-nen-glu-ten

2. Verlacht des Faulen Ruhe, sein Tag ist ihm verloren. Er schnarcht auf seiner Truhe, die Finger in den Ohren. Tralla lira . . .

3. Der Trübsal ferne Flöte macht uns das Herz nicht bange, des nächsten Morgens Röte wird heute uns zum Sange. Tralla lira . . .

4. Und bringt der Mittag Regen, die Nacht gewinnt uns Sterne. Die Dinge sind im Schweben, der Apfel ist im Kerne. Tralla lira . . .

Text-Übertragung: Werner Helwig, zwischen 1918–1939.
Melodie: Aus Sardinien. © Voggenreiter Verlag, Bonn-Bad Godesberg.

Mündlich überliefert: Ⓐ und Ⓑ für 3, Ⓓ für 4 Stimmen. Text und Kanon Ⓒ für 3 Stimmen: Karl Gottlieb Hering 1766–1853.

* = Peitsche; ** = Antilopenart.

2. Schau ich auf zu jenen schroffen Felsen, wo der Kudu** an den Hängen steht; lausche auf des Dornbuschs leises Rauschen, wenn der sanfte Wind darüber weht.

3. Abends aber dann am Lagerfeuer mich umgibt der Sterne heller Schein, und ich frage mich dann stets aufs neue: Wo wird morgen wohl mein Lager sein?

Text und Melodie: Aus Südafrika. Satz: Herbert Beuerle 1963. © Burckhardthaus-Laetare Verlag, Gelnhausen.

114

1. Das Wandern ist des Müllers Lust, das Wandern ist des Müllers Lust, das Wandern! Das muß ein schlechter Müller sein, dem niemals fiel das Wandern ein, dem niemals fiel das Wandern ein, das Wandern, Wandern, das Wandern, das Wandern, das Wandern, das Wandern, das Wandern!

2. Vom Wasser haben wir's gelernt, vom Wasser haben wir's gelernt, vom Wasser. Das hat nicht Ruh bei Tag und Nacht, ist stets auf Wanderschaft bedacht, ist stets auf Wanderschaft bedacht, das Wasser.

3. Das sehn wir auch den Rädern ab, das sehn wir auch den Rädern ab, den Rädern, die gar nicht gerne stille stehn, die sich mein Tag nicht müde drehn, die sich mein Tag nicht müde drehn, die Räder.

4. Die Steine selbst, so schwer sie sind, die Steine selbst, so schwer sie sind, die Steine, sie tanzen mit den muntern Reihn, und wollen gar noch schneller sein, und wollen gar noch schneller sein, die Steine.

5. O Wandern, Wandern, meine Lust, o Wandern, Wandern, meine Lust, o Wandern! Herr Meister und Frau Meisterin, laßt mich in Frieden weiterziehn, laßt mich in Frieden weiterziehn und wandern!

Text: Wilhelm Müller 1794–1827.

1. Die Gedanken sind frei, wer kann sie erraten? Sie fliehen vorbei wie nächtliche Schatten. Kein Mensch kann sie wissen, kein Jäger erschießen mit Pulver und Blei, die Gedanken sind frei!

2. Ich denke, was ich will und was mich beglücket, doch alles in der Still und wie es sich schicket. Mein Wunsch und Begehren kann niemand verwehren; es bleibet dabei: Die Gedanken sind frei!

3. Und sperrt man mich ein im finstern Kerker, das alles sind rein vergebliche Werke; denn meine Gedanken, die reißen die Schranken und Mauern entzwei: Die Gedanken sind frei!

4. Drum will ich auf immer den Sorgen entsagen und will mich auch nimmer mit Grillen mehr plagen. Man kann ja im Herzen stets lachen und scherzen und denken dabei: Die Gedanken sind frei.

Text: Strofen 1–3 aus Hessen zwischen 1780–1800 (Vormärz).

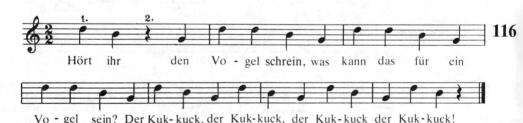

Die Stimmen schließen nacheinander

Text und Kanon für 2 Stimmen: Felicitas Kukuck 1956. Fidula-Verlag, Boppard/Rhein.

1. Ein Vogel saß auf einem Baum und unten ging ein Mann. Da
2. Er ließ so dann von oben her sein schönstes Lied erschallen. Doch

sprach der Vogel: „Ei, der Daus, dem zeig ich, was ich kann, dem zeig ich, was ich,
weil der Mann nicht aufwärts sieht, da läßt er etwas fallen, da läßt er etwas,

zeig ich, was ich, zeig ich, was ich kann.
läßt er etwas, läßt er etwas fallen.

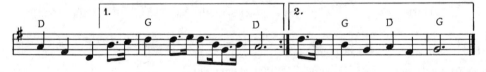

3. Das merkte sich der Mann im Nu. Jetzt sah er gleich nach oben. Und da das Resultat ihn traf, da fing er an zu toben, da fing er an zu, da fing er an zu toben.

4. Nun fragt ihr mich nach der Moral vom Vöglein und dem Mann: Die Kunst hat's schwer heut allzumal. Der Mist kommt immer an, der Mist kommt immer, Mist kommt immer an.

Text: Heinz Schenk 1963. Melodie: Richard Rudolf Klein 1963. © Fidula-Verlag, Boppard/Rhein.

Kanon für 3 Stimmen: Aus Frankreich. Text-Übertragung: Lieselotte Holzmeister 1958. © Fidula-Verlag, Boppard/Rhein.

2. Und als wir drüber warn, drüber warn, und als wir drüber (warn), da sangen alle Vöglein, Vöglein, Vöglein, Vöglein, da sangen alle Vöglein, der helle Tag brach (an).

3. Der Jäger rief ins Horn, rief ins Horn, der Jäger rief ins (Horn). Da bliesen alle Jäger, Jäger, Jäger, Jäger, da bliesen alle Jäger, ein jeder in sein (Horn).

4. Das Liedlein, das ist aus, das ist aus, das Liedlein, das ist (aus). Und wer das Lied nicht singen kann, singen, singen, singen kann, und wer das Lied nicht singen kann, der fang von vorne (an).

Text und Melodie: Mündlich überliefert.

Die Melodie liegt in der Mitte

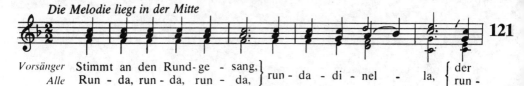

Vorsänger: Stimmt an den Rund-ge-sang, rundadinella, der schöner nie erklang, rundadinella. *Alle:* Runda, runda, runda, rundadinella, runda, runda, runda, rundadinella.

2. *Vorsänger:* Ist jemand hier im Kreis, rundadinella, der eins zu singen weiß, rundadinella. *Alle:* Runda, runda . . .

3. *Vorsänger:* Wir sagen alle Dank, rundadinella, für diesen Rundgesang, rundadinella. *Alle:* Runda, runda . . .

Text, Melodie und Satz: Anfang des 17. Jahrhunderts.

Weitere Strofen selbst erfinden. Wenn niemand mehr etwas weiß, folgt:

Vorsänger: Ist keiner mehr im Kreis, rundadinella, der eins zu singen weiß, rundadinella. *Alle:* Runda, runda . . .

So schließt den Rundgesang, runda . . ., und habet alle Dank, rundadinella. *Alle:* Runda, runda . . .

122

Sin-gen, sin-gen tut man viel zu we-nig, sin-gen, sin-gen

kann man nie ge-nug. Frisch ge-sun-gen, froh ge-launt, und so

mei-stert man das Le-ben, daß man sel-ber staunt.

(Statt „Singen" auch „Schlafen", „Essen" usw.)

Text und Kanon für 4 Stimmen: Jan Bender 1953. © Fidula-Verlag, Boppard/Rhein.

123

1. Mir fehlts an In-stru-men- -ten an al-len Eck' und En-den.

Mir hängt, kanns nicht ver-schwei-gen, der Him-mel vol-ler Gei-gen.

2. Trompete hab ich keine, die Tuba ist nicht meine. Doch eins werd ich nicht lassen: Die Trübsal kann ich blasen.

3. Mir fehlen – tut's begreifen! – viel Kind wie Orgelpfeifen. Doch eins ist mir geläufig: Ich pfeif auf dich recht häufig.

4. Und ist es auch verboten: Ich hau und schimpf nach Noten. Und bin ich sonst auch feige: Ich spiel die erste Geige.

5. Und wenn ich – drauf ich poche – pfeif aus dem letzten Loche, und leb in großen Nöten, dann geh ich eben flöten.

Text: Kurt Rommel 1969. Melodie: Herbert Beuerle 1971. © Burckhardthaus-Laetare Verlag, Gelnhausen.

Glück und Se-gen auf al-len dei-nen We-gen, auf al-len We-gen!

Text und Kanon für 3 Stimmen: Herbert Beuerle 1966. © Burckhardthaus-Laetare Verlag, Gelnhausen.

Zum heu-ti-gen Geburts-tag wün-schen wir Ge-sund-heit, Freud und Se-gen!

Text und Kanon für 2 Stimmen: Herbert Beuerle 1975. © Burckhardthaus-Laetare Verlag, Gelnhausen.

2. Sieh deine Haut erst nochmals an, eh du daraus verschwindest! Du denkst doch nicht im Ernst daran, daß du was Bessres findest?

3. Du hast die Jugend drin verbracht, das Leben drin genossen, sie ist dir ganz nach Maß gemacht und sitzt wie angegossen;

4. und ohne Haut in dieser Welt: das wirst du bald bereuen. Sie ist's, die dich zusammenhält, verlang nach keiner neuen.

5. Denn die kannst du für dein Gestell ganz sicher nicht erhalten. Schiel nicht nach einem neuen Fell und bleib in deinem alten.

Text, Melodie und Satz: Hermann Stern 1957. © mundorgel verlag GmbH, Waldbröl/Köln.

127 1. Wenn alle Brünnlein fließen, so muß man trinken; wenn ich mein' Schatz nicht rufen darf, tu ich ihm winken. Wenn ich mein Schatz nicht rufen darf, ju ja, rufen darf, tu ich ihm winken.

2. Ja winken mit den Äugelein und treten auf den Fuß; 's ist eine in der Stube drin, die meine werden muß.

3. Warum sollt sie's nicht werden, ich hab sie ja so gern; sie hat zwei blaue Äugelein, die glänzen wie zwei Stern.

4. Sie hat zwei rote Wängelein, sind röter als der Wein; ein solches Mädel findst du nicht wohl unterm Sonnenschein.

Text: Friedrich Silcher 1789–1860.

128 1. Wahre Freundschaft soll nicht wanken, wenn man gleich entfernet ist; lebet fort noch in Gedanken und der Treue nie vergißt.

2. Keine Ader soll mir schlagen, wo ich nicht an dich gedacht; ich will für dich Liebe tragen bis zur späten Mitternacht.

3. Wenn der Mühlstein träget Reben und daraus fließt kühler Wein, wenn der Tod mir nimmt das Leben, hör ich auf, dir treu zu sein.

Text: Vermutlich 18. Jahrhundert, zuerst in Brandenburg, Franken, Hessen und Schlesien verbreitet.

129 1. Und in dem Schneegebirge, da fließt ein Brünnlein kalt; und wer das Brünnlein trinket, und wer das Brünnlein trinket, wird jung und nimmer alt.

2. Ich hab daraus getrunken gar manchen frischen Trunk; ich bin nicht alt geworden, ich bin noch allzeit jung.

Ade, mein Schatz, ich scheide, ade, mein Schätzelein! Wann kommst du aber wieder, Herzallerliebster mein?

4. Wenns schneiet rote Rosen und regnet kühlen Wein. Ade, mein Schatz, ich scheide, ade, mein Schätzelein.

5. Es schneit ja keine Rosen und regnet keinen Wein; so kommst du auch nicht wieder, Herzallerliebster mein!

Text: Aus Schlesien, 19. Jahrhundert. Worte und Weise bei Heinrich Hoffmann von Fallersleben und Ernst Richter 1842, zurechtgesungen.

Luthers Abendsegen 130

Das walte Gott Vater, Sohn und Heiliger Geist. Amen.

Ich danke dir, mein himmlischer Vater, durch Jesus Christus, deinen lieben Sohn, daß du mich diesen Tag gnädiglich behütet hast, und bitte dich, du wollest mir vergeben alle meine Sünden, wo ich Unrecht getan habe, und mich diese Nacht auch behüten. Denn ich befehle mich, meinen Leib und Seele und alles in deine Hände. Dein heiliger Engel sei mit mir, daß der böse Feind keine Macht an mir finde. Amen.

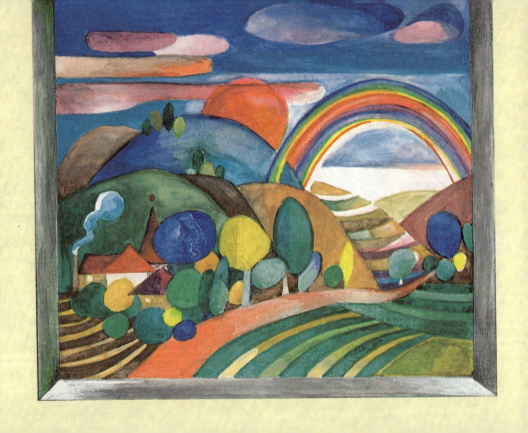

Ruhet von des Tages Müh, es will Abend werden; laßt die Sorg bis morgen früh, Gott bewacht die Erden.

Text und Kanon für 4 Stimmen: Martin Hesekiel. © Verlag Merseburger, Berlin/Kassel.

131

Herr, bleibe bei uns; denn es will Abend werden, und der Tag hat sich geneiget.

Text: Nach Lukas 24, 29. Kanon für 3 Stimmen: Albert Thate. © Bärenreiter-Verlag, Kassel.

132

133

Leis der Wind im A-bend weht rau-nend durch die Wäl-der.
Hoch der Mond am Him-mel steht, schaut auf Dorf und Fel-der.

Stil-le brei-tet aus die Nacht, a-ber Gott im Him-mel wacht, Gott im Him-mel wacht.

Der 1. Teil wird zuerst einstimmig gesungen. Anschließend kann er als Kanon wiederholt werden. Schluß aller Gruppen auf „Felder": zuerst schließende Gruppen halten den Schlußton aus. Dazu kann die Quinte d-a gesummt werden.

Text und Melodie: Aus Ungarn. Text-Übertragung, Melodie-Bearbeitung und Satz: Erich Gruber 1954. © Burckhardthaus-Laetare Verlag, Gelnhausen.

134

1. Hinunter ist der Sonnen Schein; die finstre Nacht bricht stark herein; leucht uns, Herr Christ, du wahres Licht, laß uns im Finstern tappen nicht.

2. Dir sei Dank, daß du uns den Tag vor Schaden, Gfahr und mancher Plag durch deine Engel hast behüt aus Gnad und väterlicher Güt.

3. Womit wir heut erzürnet dich, dasselb verzeih uns gnädiglich und rechn es unsrer Seel nicht zu, laß schlafen uns mit Fried und Ruh.

4. Dein Engel uns zur Wach bestell, daß uns der böse Feind nicht fäll; vor Schrecken, Angst und Feuersnot behüte uns, o lieber Gott.

Text: Nikolaus Herman, 1560.

Der Urlaub geht zu Ende

Der Urlaub geht seinem Ende entgegen. Wir haben Neues kennengelernt und den Reichtum der Natur bestaunt. Wir haben uns über die Menschen gefreut, denen wir begegnet sind, über die, mit denen wir unterwegs gewesen sind, und über die, die wir zum ersten Mal gesehen und gesprochen haben. Wir konnten aufatmen.

**Herr,
ich danke dir für alles Schöne, das ich in dieser Zeit erlebt habe. Mit leiser Wehmut trete ich die Heimreise an. Bewahre du mich auf dieser Fahrt und begleite mich in meinem Alltag. Schenke mir Ruhepausen, um immer wieder Atem holen zu können, und zeige mir Wege, die mich zu dir führen. Amen.**

Text: Hans-Georg Pust. Aus: Gottesdienst im Urlaub, hg. von H.-G. Pust u. a. 1980. © Schriftenmissionsverlag, Gladbeck.

1. Der Mond ist aufgegangen, die goldnen Sternlein prangen am Himmel hell und klar; der Wald steht schwarz und schweiget, und aus den Wiesen steiget der weiße Nebel wunderbar.

2. Wie ist die Welt so stille und in der Dämmrung Hülle so traulich und so hold als eine stille Kammer, wo ihr des Tages Jammer verschlafen und vergessen sollt.

3. Seht ihr den Mond dort stehen? Er ist nur halb zu sehen und ist doch rund und schön: so sind wohl manche Sachen, die wir getrost belachen, weil unsre Augen sie nicht sehn.

4. Wir stolzen Menschenkinder sind eitel arme Sünder und wissen gar nicht viel. Wir spinnen Luftgespinste und suchen viele Künste und kommen weiter von dem Ziel.

5. Gott, laß uns dein Heil schauen, auf nichts Vergänglichs trauen, nicht Eitelkeit uns freun; laß uns einfältig werden und vor dir hier auf Erden wie Kinder fromm und fröhlich sein.

6. Wollst endlich sonder Grämen aus dieser Welt uns nehmen durch einen sanften Tod; und wenn du uns genommen, laß uns in Himmel kommen, du unser Herr und unser Gott.

7. So legt euch denn, ihr Brüder, in Gottes Namen nieder; kalt ist der Abendhauch. Verschon uns, Gott, mit Strafen und laß uns ruhig schlafen. Und unsern kranken Nachbarn auch.

Text: Matthias Claudius 1779.

2. Sind wir auch nur ein kleines Rad in dem großen Getriebe der Welt: Wir werden gebraucht. Jeder Tag ist ein Ruf, der uns fordert zu sinnvollem Tun.

3. Schnell eilt der Tag dem Abend zu, der Besinnung und Ruhe uns bringt. Wir denken zurück und wir sehen nach vorn voller Hoffnung für unsere Welt.

Text und Melodie: Klaus Biehl 1969. © mundorgel verlag GmbH, Köln/Waldbröl.

1. Der Tag ist zu End'e, Gott, dir in die Hände legen wir alles, was war. Vergib alles Böse, von Angst uns löse und schütze uns vor aller Gefahr.
2. Nimm an unser Bitten, Gott, du kannst behüten Freunde, die fern sind und nah. Hilf du allen Kranken und laß uns danken, Herr Gott, für das, was heute geschah.

Text und Melodie: Günther Kretzschmar 1965. © Burckhardthaus-Laetare Verlag, Gelnhausen.

139. Gu-te Nacht, gu-te Ruh, die Son-ne geht schon schlafen, schlafen geh auch du!

Text: Georg Götsch. Kanon für 4 Stimmen: Altenglisch. © Bärenreiter-Verlag, Kassel.

140.
Ge-he ein in dei-nen Frie-den! Schla-fe dei-nen gu-ten Schlaf!
Ruh dich aus nach dei-ner. Ar'-beit! Und ge-seg-net sei die Nacht!
Mondlicht fließt her-ab vom Himmelszelt, und der Tau glänzt auf unserm Feld. Preist den
Tag und die Nacht! Preist die Nacht und den Tag! Preist die Son-ne,

preiset die Erde, preist den Herrn aller Welten. Amen. Amen.

Text-Übertragung: Helmut König 1958. Melodie: Aus Israel. © Voggenreiter Verlag, Bonn-Bad Godesberg.

141

1. Wir wissen nicht, was kommt. Wir wissen nur, daß jeder Tag mit allem, was er bringen mag, aus Gottes Händen kommt.

2. Wir wissen nicht, was kommt. Wir wissen, daß in Freund und Feind, was er auch sagt und tut und meint, Gott selber zu uns kommt.

3. Wir wissen nicht, was kommt. Wir wissen, daß mit unsrer Tat, die unser Nächster nötig hat, Gott selber zu ihm kommt.

4. Wir wissen nicht, was kommt. Nur dies, daß jeder Stundenschlag uns näher bringt dem letzten Tag, der für uns alle kommt.

Text: Kurt Rommel 1965. Melodie: Herbert Beuerle 1966. © Burckhardthaus-Laetare Verlag, Gelnhausen.

1. Wieder ist ein Tag gelebt und des Wegs ein Stück. Nun, da sich die Nacht erhebt, nimm ihn, Herr, zurück.

2. Sieh es mit Erbarmen an aus dem höchsten Chor, was ich diesen Tag gewann und mit ihm verlor.

3. Jeder Abend ist Gericht und ein kleiner Tod. Ich verginge – wäre nicht, Herr, dein Angebot,

4. daß du mich in Jesus Christ mit der Schuld und Last, die mir täglich eigen ist, angenommen hast.

5. Laß mich dieser Liebe voll und aufs Wort vertraun, nicht nur auf das Ist und Soll meines Tages schaun.

6. Laß mich meine Grenzen sehn, Herr, der Grenzen setzt, und aus ihnen auferstehn diese Stunde jetzt.

7. Mach des neuen Tags gewiß und der Wiederkehr den, der in der Finsternis sonst verloren wär.

8. Jeder Abend darf zu dir eine Heimfahrt sein. Ich gehöre nicht mehr mir, sondern dir allein.

9. Einmal, Herr, ist alles gut und ans Ziel gelangt, wenn mein Herz an deinem ruht und dir singt und dankt.

10. = 1.

Text: Detlev Block 1979. © Vandenhoeck & Ruprecht, Göttingen. Melodie: Herbert Beuerle 1979. © Burckhardthaus-Laetare Verlag, Gelnhausen.

1. Wir sind mitten im Leben zum Sterben bestimmt, was da steht, das wird fallen, der Herr gibt und nimmt.

2. Wir gehören für immer dem Herrn, der uns liebt, was auch soll uns geschehen, er nimmt und er gibt.

3. Wir sind mitten im Sterben zum Leben bestimmt, was da fällt, soll erstehen. Er gibt, wenn er nimmt.

Text: Lothar Zenetti 1970. Melodie: Herbert Beuerle 1970. © Burckhardthaus-Laetare Verlag, Gelnhausen.

1. Mein schönste Zier und Kleinod bist auf Erden du, Herr Jesu Christ; dich will ich lassen walten und allezeit in Lieb und Leid in meinem Herzen halten.

2. Dein Lieb und Treu vor allem geht, kein Ding auf Erd so fest besteht, das muß ich frei bekennen. Drum soll nicht Tod, nicht Angst, nicht Not von deiner Lieb mich trennen.

3. Dein Wort ist wahr und trüget nicht und hält gewiß, was es verspricht, im Tod und auch im Leben. Du bist nun mein, und ich bin dein, dir hab ich mich ergeben.

4. Der Tag nimmt ab. Ach schönste Zier, Herr Jesus Christ, bleib du bei mir, es will nun Abend werden. Laß doch dein Licht auslöschen nicht bei uns allhier auf Erden.

Text: Leipzig 1597.

145 Von guten Mächten

Von guten Mächten treu und still umgeben, behütet und getröstet wunderbar, so will ich diese Tage mit euch leben und mit euch gehen in ein neues Jahr.

Noch will das alte unsre Herzen quälen, noch drückt uns böser Tage schwere Last, ach, Herr, gib unsern aufgescheuchten Seelen das Heil, für das du uns bereitet hast.

Und reichst du uns den schweren Kelch, den bittern des Leids, gefüllt bis an den höchsten Rand, so nehmen wir ihn dankbar ohne Zittern aus deiner guten und geliebten Hand.

Doch willst du uns noch einmal Freude schenken an dieser Welt und ihrer Sonne Glanz, dann wolln wir des Vergangenen gedenken, und dann gehört dir unser Leben ganz.

Laß warm und still die Kerzen heute flammen, die du in unsre Dunkelheit gebracht, führ, wenn es sein kann, wieder uns zusammen. Wir wissen es, dein Licht scheint in der Nacht.

Wenn sich die Stille nun tief um uns breitet, so laß uns hören jenen vollen Klang der Welt, die unsichtbar sich um uns weitet, all deiner Kinder hohen Lobgesang.

Von guten Mächten wunderbar geborgen, erwarten wir getrost, was kommen mag. Gott ist mit uns am Abend und am Morgen und ganz gewiß an jedem neuen Tag.

Text: Dietrich Bonhoeffer 1944. © Chr. Kaiser Verlag, München.

Text (Wir bringen euch Frieden) und Melodie: Aus Israel.

Text: Psalm 29,11b. Kanon für 3 Stimmen: Herbert Beuerle 1977. © Verlag Singende Gemeinde, Wuppertal.

2. Laß uns . . . Gib uns den Mut, voll Liebe, Herr, heute die Wahrheit zu leben.

3. Laß uns . . . Gib uns den Mut, voll Hoffnung, Herr, heute von vorn zu beginnen.

4. Laß uns . . . Gib uns den Mut, voll Glauben, Herr, mit dir zu Menschen zu werden.

Text und Melodie: Kurt Rommel 1964. © Burckhardthaus-Laetare Verlag, Gelnhausen.

Du gehst vor-an, gibst uns Wei-sung und Ziel. Wir fol-gen, Herr.

Strofen

1. Du, Herr, heißt uns hof-fen und ge-las-sen vor-wärts schaun, dei-ne
2. Du, Herr, heißt uns glau-ben, daß du selbst die Hoff-nung bist. Laß nichts
3. Du, Herr, heißt uns lie-ben, für den an-dern da zu sein. Hilf uns
4*

Zu-kunft steht uns of-fen, wenn wir dir fest ver-traun.
die Ge-wiß-heit rau-ben, daß du siegst, Je-sus Christ.
glaub-haft Lie-be ü-ben, daß man sieht: Wir sind dein.

*Der Kehrvers wird vor, zwischen und nach den Strofen gesungen. – Man kann den Kehrvers aber auch für sich allein ohne die Strofen singen. – Schließlich kann aber auch der Kehrvers ganz weggelassen werden; dann aber wird Strofe 1 als Strofe 4 wiederholt.

Text und Melodie: Otmar Schulz 1966/67. © Verlag Singende Gemeinde, Wuppertal.

150

Gott be-glei-te euch und er seg-ne euch! Scha-lom a-le-chem! A-men.

Text und Kanon für 4 Stimmen: Kurt Rommel 1977. © Burckhardthaus-Laetare Verlag, Gelnhausen.

151

Aus-gang und Ein-gang, An-fang und En-de liegen bei dir, Herr, füll du uns die Hän-de.

Text und Kanon für 4 Stimmen: Joachim Schwarz 1962. © Burckhardthaus-Laetare Verlag, Gelnhausen.

Der Herr gebe uns Frieden

I Wenn wir aus diesem Gottesdienst hinausgehen, begleite uns, was wir gesagt und gesungen, gedacht und gebetet haben.

II Der Herr segne uns.

I Wir werden Gefahren ausgesetzt sein und andere gefährden.

II Der Herr behüte uns.

I Wir werden Augenblicke erleben, in denen uns das Leben schwerfällt.

II Der Herr lasse sein Angesicht leuchten über uns.

I Wir werden manchmal blind sein und an anderen schuldig werden.

II Der Herr sei uns gnädig.

I Wir werden Stunden erleben, in denen wir glücklich und zufrieden sind.

II Der Herr erhebe sein Angesicht über uns.

I Wir werden uns über Menschen freuen, mit denen wir uns gut verstehen.

II Der Herr gebe uns Frieden.

I Es segne und behüte uns Gott, Vater, Sohn und Heiliger Geist.

Text: Karsten Sohrt. Aus: Gottesdienst im Urlaub, hg. v. Hans-Georg Pust u. a. 1980. © Schriftenmissionsverlag, Gladbeck.

GESAMT-INHALTSVERZEICHNIS

Lieder – Texte – Gebete

K = Kanon
e = Text englisch
f = Text französisch
nl = Text niederländisch

	Aaronitischer Segen	nach 74
K	Abend, Morgen, Tag und Nacht	20
	All Morgen ist ganz frisch und neu	5
K	All Morgen ist ganz frisch und neu	6
K	Alle guten Gaben	66
	Alles was Odem hat	31
	Am Fenster ist ein Brummer	106
	Apostolisches Glaubensbekenntnis	75
	As long as human words	40
	Auf du junger Wandersmann	110
	Aus dem Himmel ohne Grenzen	64
	Aus meines Herzens Grunde	30
K	Ausgang und Eingang	151
K	C-A-F-F-E-E	112 C
	Christus allein ist das Maß	85
K	Danket dem Herrn	49
nl	Dankt, dankt nu allen God	48
	Das walte Gott (Luthers Morgensegen)	1
	Das walte Gott (Luthers Abendsegen)	130
	Das Wandern ist des Müllers Lust	114
	Der Gottesdienst soll fröhlich sein	58
K	Der hat sein Leben	98
K	Der helle Tag bricht an	13
	Der Herr gebe uns Frieden	152
	Der Herr ist mein Hirte (Psalm 23)	55
	Der Herr lädt uns an seinen Tisch	69
	Der Herr segne uns	nach 74
K	Der Herr wird sein Volk segnen	147
	Der Mond ist aufgegangen	136
	Der Tag ist zu Ende	138
	Der Urlaub geht zu Ende	135
nl	De trouw en goedheid	8
	Die Gedanken sind frei	115
	Die güldne Sonne	12
	Die helle Sonn leucht jetzt herfür	4
	Die Sonne lockt uns	10
	Die Taube spricht	103
	Dies ist der Tag	21
f	Dieu est amour	61
K	Dona nobis pacem	84
K	Drei Gäns im Haberstroh	112 D
	Du sendest uns durch dein Wort	149
e	Each morning with its newborn light	7
nl	Een mens te zijn . . .	94
	Ein Mensch zu sein auf Erden	93
	Ein Vogel saß auf einem Baum	117
K	Erd und Himmel klinge	54
	Erd und Himmel, Land und Meer	24
	Es ist noch nicht entschieden	105
	Es segne dich Gott der Vater	nach 74
	Es tagt der Sonne Morgenstrahl	14
K	Es tönen die Lieder	112 A

f	Fraîche et nouvelle chaque jour	9	
	Freue dich und glaube fest	56	
	Frieden	91	
K	Führe mich, o Herr	15	
K	Für Speis und Trank	71	
	Gehe ein in deinen Frieden	140	
K	Gib uns Frieden	84	
	Glaubensbekenntnis, Das Apostolische	75	
	Glück auf, Glück auf	18	
K	Glück und Segen	124	
K	Gott begleite euch	150	
	Gott des Himmels und der Erden	16	
	Gott liebt diese Welt	43	
	Gottes Segen über alle Welt	nach 30	
	Gott sei uns gnädig	nach 30	
	Gottes Liebe ist wie die Sonne	63	
f	Grand Dieu	27	
	Großer Gott, wir loben dich	26	
nl	Grote God	29	
K	Gute Nacht, gute Ruh	139	
K	Halleluja, Halleluja	51	
nl	Heer, onze Heer	80	
K	Herr, bleibe bei uns	132	
	Herr, deine Liebe ist wie	59	
	Herr, gib, daß ich auch diesen Tag	17	
K	Herr Gott, du bist unsere Zuflucht	89	
K	Herr, lehre uns beten	87	
	Herr, mach mich zum Werkzeug	91	
	Herr, segne uns und alle Urlauber	nach 62	
	Herr, tausend Jahre (Psalm 90)	88	
	Herr, unser Gott, in deiner Nähe	19	
	Herr, unser Herrscher (Psalm 8)	36	
	Herr, unser Herrscher (Lied)	37	
	Herr, unser Herr, wie bist du	79	
K	Heute gibt es nichts zu tun	107	
	Hewenu schalom alechem	146	
K	Himmel und Erde müssen vergehn	112 B	
	Hinunter ist der Sonnen Schein	134	
K	Hört ihr den Vogel	116	
e	Holy God, Thy Name we bless	28	
	Ich bete mit meiner Stimme	76	
	Ich glaube an Gott, den Vater	75	
	Ich rede, wenn ich schweigen sollte	86	
	Ich singe dir mit Herz und Mund (Lied)	22	
K	Ich singe dir mit Herz und Mund	23	
	Ich werfe meine Fragen	99	
K	Ihr werdet die Kraft	90	
	In der Nacht, da er verraten ward (1. Korinther 11, 23–25)	70	
	Jesus Christus herrscht als König	78	
	Jesus, der Herr, sagt	72	
	Jetzt fahrn wir übern See	119	
K	Jupp, jupp, jupp	108	
	Kommt ein Vogel geflogen	112 E	
	Kommt herbei	53	
	1. Korinther 11, 23–25	70	
	Laßt uns gehn in unser Land	92	
	Laß uns in deinem Namen	148	

K	Leis der Wind im Abend weht	133	
	Liebe ist nicht nur ein Wort	102	
	Lieber Herr, in deiner Güte	77	
	Lobe den Herren, den mächtigen König	32	
	Lobt den Herrn	52	
nl	Lof zij de Heer	35	
f	Louons le Créateur	47	
	Luthers Abendsegen	130	
	Luthers Morgensegen	1	
	Manchmal kennen wir Gottes Willen	42	
	Mein schönste Zier und Kleinod	144	
K	Miau, miau	118	
	Mir fehlts an Instrumenten	123	
	4. Mose 6 (Aaronitischer Segen)	nach 74	
e	Now thank we all our God	46	
	Nun danket alle Gott	45	
	Nur Wüste, Wüste um uns	96	
f	Peuples, criez de joie	34	
	Philipper 2, 5–11	85	
e	Praise to the Lord	33	
	Psalm 8	36	
	Psalm 23	55	
	Psalm 67	nach 30	
	Psalm 90	88	
K	Quodlibet	112	
	Regen, Sonne, Wind	120	
K	Ruhet von des Tages Müh	131	
	Rundadinella	121	

	Sag ja zu dir, so wie du bist	101	
f	Sans fin, Seigneur	41	
	Schnell eilt der Tag	137	
	Schwarze, Weiße, Rote, Gelbe	62	
	Segen	nach 30, 62, 74, 151	
K	Segne Herr, was deine Hand	67	
	Sieben Leben möcht ich haben	104	
K	Singen tut man viel zu wenig	122	
	Singet, danket unserm Gott	50	
K	Singet, singet, daß es klingt	109	
K	Singet umeinander	44	
	Solang es Menschen gibt auf Erden	38	
	Sonne der Gerechtigkeit	57	
	Sprung auf und in das Leben	111	
	Stimmt an den Rundgesang	121	
e	The love of God is broad like beach	60	
	Tischgebete	65/73	
	Und in dem Schneegebirge	129	
	Unser täglich Brot	74	
	Vater unser (Gebete)	83/100	
	Vater unser im Himmel (Lied)	82	
	Viele Menschen fühlen sich verlassen	95	
K	Vom Aufgang der Sonne	2	
	Von guten Mächten	145	
	Wach auf mein Herz	11	
	Wahre Freundschaft	128	
	Wenn alle Brünnlein fließen	127	
	Wenn der Ochsenwagen	113	
	Wenn dich einmal der Hafer sticht	126	

	Wenn wir aus diesem Gottesdienst	152	Frieden	91
e	While still the world is full	40	Glaubensbekenntnis	75
	Wieder ist ein Tag gelebt	142	Gottes Segen über alle Welt	nach 30
	Wir beten: Herr Jesu	68	Gott sei uns gnädig	nach 30
	Wir bringen euch Frieden	146		
	Wir haben Urlaub	3	Herr, mach mich zum Werkzeug	91
	Wir sind mitten im Leben	143	Herr, segne uns und alle Urlauber	nach 62
	Wir wissen nicht, was kommt	141	Herr, tausend Jahre (Psalm 90)	88
	Wir wollen fröhlich singen	25	Herr, unser Herrscher (Psalm 8)	36
	Wo ist der Sinn des Lebens	97	Herr, unser Gott	19
	Wohin denn sollen wir gehen	81	Ich glaube an Gott, den Vater	75
	Wohl auf, mein Herze	23	In der Nacht, da er verraten ward	
nl	Zolang er Mensen zijn op aarde	39	(1. Korinther 11, 23–25)	70
	Zum Friedensvogel	103	Luthers Morgensegen	1
K	Zum heutigen Geburtstag	125	Luthers Abendsegen	130
	Zur Ruhe kommen	19	4. Mose 6 (Aaronitischer Segen)	nach 74

Texte und Gebete

Aaronitischer Segen	nach 74	Philipper 2, 5–11	85
Am Fenster ist ein Brummer	106	Psalm 8	36
Apostolisches Glaubensbekenntnis	75	Psalm 23	55
Christus allein ist das Maß/(Philipper 2, 5–11)	85	Psalm 67	nach 30
		Psalm 90	88
Das walte Gott (Luthers Morgensegen)	1	Tischgebete	65/73
Das walte Gott (Luthers Abendsegen)	130	Vater unser	83/100
Der Herr gebe uns Frieden	152	Von guten Mächten	145
Der Herr ist mein Hirte (Psalm 23)	55		
Der Herr segne uns	nach 74	Wenn wir aus diesem Gottesdienst	152
Der Urlaub geht zu Ende	135	Wir haben Urlaub	3
Die Taube spricht	103	Zum Friedensvogel	103
Es segne dich Gott der Vater	nach 74	Zur Ruhe kommen	19